Stimmen zu LEB…

»Judah ist der barmherzigste und sehr großzügigste Mensch, dem ich je begegnet bin. Seine Lehre ist leicht verständlich und voll von Wahrheit und echtem Leben. Ich mag Judah einfach, obwohl sein Kleidungsstil echt komisch ist!!«

Bubba Watson, Golfspieler und zweifacher Gewinner des Masters

»In unserer heutigen Zeit des Terrors, der Angst, der Verwirrung und des Chaos fragen sich so viele Menschen, was eigentlich ›Leben ist‹. Judah Smith hilft uns allen auf seine fesselnde, aktuelle, witzige, liebevolle und tiefsinnige Art, genau das zu sehen, worum es bei dieser Sache, die ›Leben‹ genannt wird, überhaupt geht. Dieses Buch willst du auf jeden Fall all deinen Freunden schenken. Glaub mir.«

Christine Caine, Gründerin der *A21 Campaign* gegen Menschenhandel

»Leben, ist … so vieles! Vielleicht sind wir uns darin einig, dass es ein Abenteuer ist. Höhen und Tiefen, Triumph und Tragödie, raue Stürme und ruhige Sonnenuntergänge. Und wenn es darum geht, durch dieses Leben zu steuern, kann Judah Smith das besser als jeder andere, den ich kenne. Ich habe in der Öffentlichkeit gesehen, wie er sich auf den größten Bühnen die Kehle heiser gepredigt hat. Ich habe privat gesehen, wie er sich die Augen ausgeweint hat, als er den Verlust seines geliebten Vaters betrauerte. Ich habe gesehen, wie er ›Berühmtheiten‹ und ›Menschen ohne Gesicht‹ gleichermaßen seine Liebe und Barmherzigkeit gezeigt hat. Ich habe gesehen, wie er seine Gemeinde leitet, die mehrere Tausend Menschen zählt, und wie er seiner fünfköpfigen Familie vorsteht – und das mit noch mehr Gnade. Die einzige ›Konstante‹ in Judahs Leben ist Jesus und dessen Evangelium. Anscheinend ist da was dran. Dieses Buch muss man gelesen haben.«

Carl Lentz, Co-Pastor der *Hillsong Church* in New York City

»Judahs Art, jeden da abzuholen, wo er steht, ist unglaublich. Sein einziges Motiv ist, Menschen zu helfen. Er ist der Beste. Ich hab dich gern, Judah.«

Justin Bieber, Sänger und Songwriter

»Die Art und Weise, wie Judah das Wort Gottes in meinen Alltag gebracht hat, hat mich stark beeinflusst. Seine Sprache und seine Art zu kommunizieren und damit unserer Generation die Wahrheit zu verkünden, sind sehr aktuell. Ich bin dankbar dafür, dass er mich ständig daran erinnert, wie sehr Gott mich liebt und welche Kraft meine Stimme hat. In meinen Augen ist er ein echter Leiter.«

Selena Gomez, Schauspielerin und Sängerin

»Es gibt nur sehr wenige Menschen im Leben, an die man sich in jeder Situation wenden kann. Manchmal ist es nur eine SMS, ein Anruf oder ein Besuch. Ein andermal braucht man nur dringend einen Ratschlag oder Hilfe. Egal was es ist, ich bin froh sagen zu können, dass Judah für mich genau so ein Mensch ist.«

Rickie Fowler, Profi-Golfer

»Judah Smith ist einer der begabtesten Sprecher dieser Generation und ich fühle mich geehrt, dass er mich als seinen Pastor bezeichnet. Sein Lehrstil ist genauso einzigartig wie sein persönlicher Stil; und man kann seine Gegenwart nicht verlassen, ohne sich geliebt, wertgeschätzt, inspiriert und bereichert zu fühlen. Seine Offenbarungen sind tief gegründet in biblischen Wahrheiten; seine Kenntnis des Wortes Gottes wird dein geistliches Verständnis vertiefen und deine Augen dafür öffnen, worum es im Leben – und bei dem, der es erschaffen hat – überhaupt geht.«

Brian Houston, leitender Pastor der *Hillsong Church*

»Alles, wonach wir uns sehnen, und alles, was wir je brauchen werden, ist eingehüllt in die atemberaubende Liebe Jesu, die uns verfolgt und uns vollkommen macht. In seinem neusten Buch *Leben ist* _____ tritt Judah Smith mit seiner frischen und einzigartigen Stimme erneut für das liebende Vaterherz Gottes ein. Lies es. Atme es ein. Glaube es. Lebe darin!«

Louie Giglio, Pastor der *Passion City Church* und der *Passion-Konferenzen*

»Wenn wir nicht aufpassen, können wir uns durchs Leben treiben lassen, ohne es wirklich zu nutzen. Bist du zufrieden, fühlst du dich vollständig, weißt du, was wirklich Gottes Wille für dich ist? Judah hat mich in dieser starken Fortsetzung von *Jesus ist* _____ wieder einmal an all das erinnert.«

Jason Kennedy, Moderator von *E!News*

»Judah hat eine unglaubliche Fähigkeit, uns zu vermitteln, wie Gott über uns Menschen denkt. In einer mit religiösen Idealen und Strukturen überladenen Landschaft durchstößt Judah starre Vorgaben und vermittelt die einfache Botschaft und Wahrheit, dass Gott uns unbezweifelbar und unlogischerweise liebt – dass er uns immer geliebt hat und uns immer lieben wird.«

Ryan Good, Produzent von *Justin Bieber's Believe;*
Justin Bieber: Never Say Never und Punk'd

LEBEN IST ___.

LEBEN IST ____.

GOTTES UNLOGISCHE LIEBE WIRD DEIN LEBEN VERÄNDERN

JUDAH
SMITH

Grace today
VERLAG

Aus dem Amerikanischen übersetzt von Bettina Krumm.

Die Deutsche Nationalbibliothek verzeichnet diese Publikation in der Deutschen Nationalbibliografie; detaillierte bibliografische Daten sind im Internet über http://dnb.d-nb.de abrufbar.

Hervorhebungen einzelner Wörter oder Passagen innerhalb von Bibelzitaten wurden vom Autor vorgenommen.

Umschlaggestaltung: dual identity
Autorenphoto: Tanner Wendell Stewart
Corporate Design: spoon design, Olaf Johannson
Lektorat: Sonja Braune, Thilo Niepel
Satz: Grace today Verlag
Digitaldruck: CPI – Clausen & Bosse, Leck
Printed in Germany

1. Auflage 2015

ISBN 978-3-943597-98-1, Bestellnummer 371798
Dieser Titel ist auch als E-Book erschienen.

www.gracetoday.de

Für die Liebe meines Lebens – Chelsea Rene Smith

Inhaltsverzeichnis

LEBEN IST, mit Gott und sich selbst Frieden zu haben.

LEBEN IST, Gott zu genießen.

Vorwort

Russell Wilson

Es ist eine große Ehre für mich, Judah Smith, meinen Freund in Christus, vorzustellen. Das tue ich mit großer Begeisterung. Judah ist einer der einflussreichsten und inspirierendsten Menschen, denen man im Leben begegnen kann, denn er hat eine tiefe Leidenschaft für das Leben und für Menschen auf der ganzen Welt. Er sorgt dafür, dass man immer mehr will und ein besserer Mensch wird. Seine tiefe Leidenschaft für das Wort Gottes und seine Bereitschaft, tief in das einzutauchen, was Gott uns zeigen möchte, wecken den Wunsch, mehr über Jesus zu erfahren. Obwohl er ein toller Freund, ein toller Pastor, ein toller »Seattleite«, ein überdurchschnittlicher Basketballer und ein herausragender Golfer ist (er denkt von sich, er sei eine Mischung aus Larry Bird und Bubba Watson), beeindruckt er am meisten, wenn er lehrt, wer Jesus für uns *alle* wirklich ist.

Wir alle sind Freunde Gottes. Nach nur zehn Minuten mit Judah entdeckt man, wie sehr er Christus, seine wunderbare Frau und Familie, Christen und Nichtchristen und seine Gemeinde, die City Church, liebt. Judah Smith hat eine Mission im Leben: zum Ausdruck zu bringen, wie sehr wir es alle nötig haben, dass Jesus in unser Leben kommt, uns umkrempelt und völlig neu macht.

Einer meiner schönsten Momente mit Judah Smith war, als er zu unserer Mannschaft sprach, bevor wir den Super Bowl XLVIII (48 – für alle, die sich nicht mit römischen Zahlen auskennen oder einfach keine Fans der *Seattle Seahawks* sind) gewannen. Judah sprach über eine der wichtigsten Stellen in der ganzen Bibel, 2. Korinther 5,17 (SLT), wo steht: »Darum: Ist jemand in Christus, so ist er eine neue Schöpfung; das Alte ist vergangen; siehe, es ist alles neu geworden!«

Diese Bibelstelle ist so unerlässlich, wenn wir in unserer Beziehung (ja, *Beziehung!*) mit Jesus wachsen wollen, denn wir *alle* verfehlen die Herrlichkeit Gottes. Doch durch unsere Fehler, unsere falschen Entscheidungen und unser sündiges Wesen hindurch ist Jesus da, um uns völlig neu zu machen! Genauso wie die Nichtchristen versäumen wir als Christen die einfache Tatsache, dass Gott seinen einzigen Sohn Jesus Christus sandte, um für unsere Sünden zu sterben, weil er uns so unglaublich liebt! Darum sind wir rein und beginnen jeden Morgen und Tag völlig neu in der Hoffnung, dass unsere Herzen sich nur darauf richten, für den zu leben, der am Kreuz für unsere Sünden gestorben ist.

Judah beschreibt die wunderwirkende Kraft Jesu, sein vergebendes Wesen und seine Liebe für uns nicht nur in diesem tollen Buch, das du gerade liest, sondern auch dadurch, dass er nie müde wird, anderen seine Liebe für Jesus mitzuteilen.

Judah, ich liebe dich … auf die freundschaftlichste Weise, die unter Männern möglich ist. Ich bin dankbar dafür, dass du mir in den letzten Jahren geholfen hast, der Mann zu werden, der ich jetzt bin. Danke für all die Ermutigung als Bruder in Christus an jedem Morgen und jedem Abend.

Ich bin AUF EWIG DANKBAR für dich, Champ. #WeMadeIt

In Liebe
Russell Wilson
Freund Gottes &
Gewinner des Super Bowl XLVIII

P.S. Du wirst dieses Buch nicht mehr weglegen wollen …

Einleitung

Kürzlich hatte ich ein Gespräch mit einer echt klugen Person. Diese Person war nicht nur einfach intelligent – sie war ein waschechtes Genie.

Dieser Mensch sprach Englisch, aber nicht das Englisch, das wir anderen alle sprechen.

Wir sprachen über die Bibel. Da ich Pastor bin, versuche ich bibelfest zu sein. Aber ich konnte dem Gespräch nicht im Geringsten folgen. Er bezog sich auf alle möglichen Begriffe und Themen und Menschen, aber ich hatte echt keine Ahnung.

Sogar seine Metaphern waren für mich zu anspruchsvoll. Das ging so: »Man beachte zum Beispiel die metaphysischen Auswirkungen des Pilzes im mediterranen Mönchtum des Mittelalters …«

Und ich so: »Ähm, könntest du mir ein Beispiel geben, um damit dieses Beispiel zu erklären?«

Ich begann zu denken: *Vielleicht meint er eine andere Bibel. Oder vielleicht spricht er sogar eine andere Sprache. Ich kann mit dem Englisch, das der gerade spricht, überhaupt nichts anfangen.*

Also bluffte ich – wie jeder demütige, ehrliche und selbstsichere Mensch: »Oh, ja. Ich bin vollkommen deiner Meinung. Genauso denke ich auch.«

Wir konnten keine Verbindung herstellen. Es kam keine Beziehung zustande. Warum? Weil er mir weit überlegen war. Er bewegte sich nicht nur auf einer anderen intellektuellen Ebene, sondern in einem völlig anderen Universum. Zwischen uns lag eine riesige Kluft und es würde mich jede Menge Arbeit kosten – praktisch mein ganzes Leben –, um dieses Gespräch von dreißig Sekunden zu analysieren.

Ich glaube, wir haben manchmal eine ähnliche Einstellung zu Gott. Er ist so vollkommen, so großartig, so weit entfernt, dass wir uns fragen, ob wir überhaupt mit ihm in Beziehung treten können.

Und selbst wenn wir es versuchten, mit ihm in Beziehung zu treten, würde es ihn überhaupt kümmern, was wir gerade durchmachen? Schließlich ist er ja der Chef über das ganze Weltall. Interessiert ihn die Tatsache, dass ich meine Arbeitsstelle, meinen Schlüssel oder meine Beherrschung verloren habe?

Es ist leicht zu glauben, dass die Antwort auf solche Fragen *nein* ist. Aber die Bibel betont, dass Gott weder zu weit entfernt noch zu desinteressiert ist, um mit uns in Beziehung zu treten. Im Gegenteil: Gott ist bei uns, liebt uns und will, dass wir erfüllt und glücklich sind. Gott will, dass unser Leben in jeder Hinsicht fantastisch ist.

Das führt mich zu der Grundlage dieses Buches – dass Jesus uns zeigt, wie wir das Leben in vollen Zügen genießen können.

Leben ist _____.

Was ist Leben? Wozu sind wir da? Was ist wirklich wichtig? Was bringt uns echte Zufriedenheit und dauerhaftes Glück?

Wir alle stellen diese Fragen und wir alle kommen zu unseren eigenen Schlüssen.

Ich persönlich denke, dass Jesus die zuverlässigste Quelle ist, was Antworten anbelangt. Jesus ist ethisch, moralisch, sozial und emotional gesehen das vollkommene Beispiel für ein gut gelebtes Leben.

Ich weiß nicht, wo du dich im Glauben an Jesus gerade befindest, und es geht mir, ehrlich gesagt, auch nicht darum, dir zu sagen, wo du sein solltest. Du bist dir vielleicht nicht sicher, ob Jesus Gott ist. Du bist dir vielleicht nicht sicher, ob er Sünden vergeben kann oder Sünden vergeben muss. Aber wir können von Jesus viel lernen, also lasst uns da anfangen.

Jesus hatte viel über die Beschaffenheit und die Bedeutung des Lebens zu sagen. Dieses Buch baut auf vier umfassenden Aussagen auf, von denen ich glaube, dass sie den Kern seiner Botschaft enthalten:

1. Leben ist, geliebt zu werden und zu lieben.
2. Leben ist, Gott in jedem Moment zu vertrauen.
3. Leben ist, mit Gott und sich selbst Frieden zu haben.
4. Leben ist, Gott zu genießen.

Wenn du die Botschaft aus meinem vorherigen Buch *Jesus ist* _____ gehört oder gelesen hast, wirst du wissen, dass ich kein besonders strukturierter Mensch bin. Ich will dich einfach vorwarnen.

Ich werde diese vier Grundsätze nicht umfassend und erschöpfend behandeln, sondern stattdessen einige biblische Geschichten und Grundsätze hervorheben, die mir in meinem eigenen Leben mit Gott geholfen haben und die, so glaube ich, auch für dich hilfreich sein können.

Wir werden Spaß haben. Es wird praktisch sein. Und auch ein bisschen planlos.

So wie das Leben.

Wenn ich predige und schreibe, versuche ich biblische Geschichten in moderner Sprache nachzuerzählen. Das ist dann keine neue Übersetzung; ich umschreibe sie mit meinen eigenen Worten. Es ist mein Versuch, mir die Schuhe – also, die Sandalen – der damaligen Zuhörer anzuziehen.

Vielleicht bist du dir nicht sicher, was du in der Bibel glauben sollst, und das ist für mich in Ordnung. Aber wir können alle von ihr lernen. Sie wurde geschrieben, um echten Menschen mit echten Problemen zu helfen. Sie hat die Zeiten überdauert und sich bewährt, und das, was sie lehrt, hat Kulturen, Regierungen und Nationen beeinflusst und geformt.

Ich lese von der leidenschaftlichen Liebe, die Jesus für die Menschen hatte, und davon, wie sehr er sich seiner Aufgabe und Sache widmete – und das inspiriert mich, das Leben so zu führen, wie er es führte. Er zeigt uns auf vollkommene Weise, wie wir das Leben – mit all seinen Abenteuern, Überraschungen und Freuden – voll auskosten können.

LEBEN IST, geliebt zu werden und zu lieben.

Leben ist, geliebt zu werden und zu lieben. Die Reihenfolge ist bewusst gewählt, denn solange wir nicht erkennen, dass wir geliebt werden, ist es schwer – oder wahrscheinlich unmöglich – wirklich zu lieben.

Die meisten von uns haben das Vorrecht, von mindestens ein oder zwei Menschen auf diesem Planeten – und hoffentlich von noch mehr Menschen – geliebt zu werden. Doch die Liebe, auf die es am meisten ankommt, die Liebe, die uns wissen lässt, dass wir wertvoll und bedeutend sind, ist Gottes Liebe für uns.

Je mehr ich über Gottes Liebe nachdenke, umso mehr stelle ich fest, dass ich sie nie völlig verstehen werde. Seine Liebe ist nicht eins dieser Themen, bei denen man alles bis ins kleinste Detail erklären kann. Gott sprengt den Rahmen dessen, was wir kennen, und seine Liebe geht über alles hinaus, was wir begreifen können.

Ich werde dennoch versuchen, sie zu erklären, weil du wissen musst, dass Gott dich liebt. Ich bin davon überzeugt, dass das die Hauptbotschaft der gesamten Bibel ist. *Gott liebt dich.*

Sobald wir beginnen, seine Liebe zu begreifen, ist es viel leichter, andere Menschen zu lieben. Etwas an der Liebe Gottes hilft uns, über unseren Tellerrand hinauszublicken und die Menschen um uns herum wahrzunehmen.

Das Leben ist dazu bestimmt, in Liebe gelebt zu werden.

1

Die Liebe verfolgt uns

Auf der Jagd nach Flecki

Vor einiger Zeit war ich einkaufen – das ist eine meiner gottgegebenen Gaben – und kam dabei an einem Wellness-Salon vorbei. Ich werde es dir nicht verheimlichen – ich liebe Wellness-Salons. Manchmal gehen meine Frau Chelsea und ich in einen Salon, einfach nur zum Zeitvertreib; und manchmal gönnen wir uns sogar einen Massagesessel. Wellness-Salons gehören zu meinen Lieblingsorten.

Diesen Salon hatte ich noch nie zuvor gesehen. Er sah wunderschön aus. Er hatte leuchtende Farben und war ansprechend und ich dachte: *Das ist ein echt cooler Wellness-Salon.* Ich war kurz davor, ihn auszuprobieren, als ich völlig schockiert und erschreckt feststellen musste, dass die Stühle nur deshalb so klein und die Liegen nur deshalb so winzig waren, weil der Salon für Tiere gedacht war. Es war ein Wellness-Salon, in dem man echtes menschliches Geld dafür bezahlt, seine *Tiere* massieren zu lassen. Und übrigens: Die Preise entsprachen genau denen einer menschlichen Massage.

Ich bin mir ziemlich sicher, dass deine Tiere, wenn du sie wirklich massieren lässt, sagen würden: *Was ist jetzt los? Das ist aber merkwürdig. Warum machen die das mit mir?*

Ich fand das ein wenig alarmierend, aber dann tat ich es einfach ab. Vielleicht war das einfach nur ein seltsamer Einzelfall. Doch als wir dann kürzlich in ein Hotel eincheckten, wurden wir gefragt: »Haben Sie Ihre Lieblinge dabei?«

Und ich dachte: *Nun ja, unsere dreijährige Tochter und unseren fünfjährigen und unseren achtjähriger Sohn ... Ach so, die meinen ja Tiere. Mein Fehler.* »Nein, wir haben keine Tiere dabei. Tiere sind nicht so unser Ding.«

Nun, du solltest wissen, dass ich auf einen langen Stammbaum von Tierliebhabern zurückblicken kann. Bis zum sechzehnten Lebensjahr meines Vaters war seine Familie im Besitz von insgesamt vierundzwanzig Hunden gewesen. Das ist nicht übertrieben. Einmal hatten sie neun Stück auf einmal. Ich komme also aus einer Familie von Tierliebhabern, zumindest auf der Seite meines Vaters. Was meine Mutter angeht – sie findet Tiere nicht ganz so toll.

Ich gebe zu, ich mag Hunde, zumindest aus der Ferne und solange sie mich nicht berühren. Katzen mag ich definitiv nicht. Ich glaube, Katzen kann eigentlich keiner leiden. Ich bin mir nicht sicher, ob Hunde in den Himmel kommen, aber ich bin mir ziemlich sicher, wo Katzen hinkommen.

Die Dame im Hotel fragte also: »Haben Sie Ihre Lieblinge dabei?«

Wir sagten: »Nein.«

Sie sagte: »Das ist aber schade.«

Ich sagte: »Ich finde das eigentlich nicht schade.«

»Es ist nur: Ihre Tiere können hier fast das Gleiche erleben wie Sie.«

»Wie bitte? Ich bin ein menschliches Wesen. Sie wissen schon: Mit einer Seele.«

»Nun, wir haben spezielle Kleidung für Ihre Tiere. Wir haben spezielle Betten für Ihre Tiere. Wir haben spezielle Ausflüge für Ihre Tiere ...« Und das war noch nicht alles, was sie sagte.

Ich dachte: *Das ist wirklich verrückt. Das sind Tiere. Vierbeinige Kreaturen. Gezähmte Wildtiere, die sabbern und haaren. Und die Menschen nehmen sie echt viel zu wichtig.*

Aber es geht noch verrückter. Einmal fuhr ich gerade eine Schnellstraße in Seattle entlang – eine Straße, die für Menschen gebaut wurde –, als plötzlich die Autos vor mir scharf bremsten und dabei ins Schleudern gerieten. Und ich dachte: *Oh nein! Da vorne hat es wohl einen schlimmen Unfall gegeben.* Ich fing sogar an zu beten, weil hier ja schließlich Menschenleben auf dem Spiel standen.

Schließlich gelangten wir an den Ort des Geschehens. Ein Auto hatte mitten auf der äußersten Fahrspur angehalten. Und ich dachte: *Was ist hier los?* Und dann sahen wir, wie ein kleiner Cockerspaniel diese Fahrspur entlang hetzte. Und ein Mensch, offensichtlich der Besitzer des kleinen Flecki, war aus seinem Auto gestiegen und rannte auf der Fahrspur seinem Hund hinterher.

Richtig. Ein Hund und sein Herrchen tollten auf einer Schnellstraße herum, die für Menschen und ihre Fahrzeuge gebaut worden war. Alle Fahrzeuge schlitterten und schleuderten, um den kleinen Flecki vor einem tragischen Ende zu bewahren.

Es wird noch schlimmer. Andere Menschen schlossen sich der Suche und Rettungsaktion an. Sie stiegen aus ihren Autos und rannten auf der Schnellstraße hinter Flecki her. Das war der reinste Wahnsinn.

Ich weiß, warum Flecki weggerannt ist. Weil er keine Massagen, keine Ausflüge und keine Kleidung mehr wollte. Flecki ist ein Tier und Flecki wollte seine Freiheit!

Aber sein Besitzer raste wie ein Verrückter die Straße entlang und ich dachte: *Das ist unsinnig. Es ist absurd. Für Fleckis Rettung setzen Menschen ihr Leben aufs Spiel.* Das ist unvernünftig.

In meinen Augen ist es absolut unsinnig, wenn man für sein Haustier sein Leben riskiert.

Ein Haustier zu haben ist etwas Tolles. Aber sind wir uns darin einig, dass wohl seine letzte Stunde geschlagen hat, wenn es abhaut und auf die Schnellstraße läuft?

In einem viel kleineren Umfang beschreibt die unlogische, leidenschaftliche und übermäßige Liebe, die Menschen für ihre Haustiere haben, Gottes Liebe für die Menschheit. Gott überschüttet uns mit seiner Liebe, auch wenn wir – so wie Katzen – nicht darauf reagieren.

Im direkten Vergleich mit der Liebe Gottes versagt diese Veranschaulichung natürlich. Ein Mensch, der lebensmüde seinem Hund auf der Schnellstraße hinterherjagt, ist nichts im Vergleich zu Gottes irrsinniger Liebe für die Menschheit. Wir bestehen darauf, vor Gott wegzulaufen, doch Gott besteht trotzdem darauf, uns hinterherzulaufen. Es ist einfach unerklärlich und nicht nachvollziehbar.

Das Hauptthema der Bibel ist, dass Gottes Liebe der Menschheit voller Leidenschaft nachjagt. Wenn alles, was du je von der Bibel gehört hast, ein Haufen Ge- und Verbote sind, dann wird diese Aussage dich wahrscheinlich überraschen. Aber egal wer wir sind, wo wir sind oder was wir über Gott denken, er ist wahnsinnig in uns verliebt. In der Bibel steht, dass er jede Einzelheit unseres Lebens kennt. David, ein genialer Songwriter und Dichter, schrieb einen ganzen Psalm darüber (Psalm 139). Gott kennt unsere Gedanken, unser Tun und weiß sogar, wie viele Haare wir auf unserem Kopf haben. Er liebt es, dem zu folgen, was in unserem Leben passiert. Er beobachtet uns, wenn wir schlafen – das mag unheimlich klingen, aber wenn du mal näher darüber nachdenkst, ist es eigentlich echt beruhigend. Er ist da, wenn wir morgens aufwachen, und er hat für unseren Tag gute Dinge vorbereitet.

Bei all dem hat Gott keine Hintergedanken. Er ist nicht so eine Art Kontrollfreak, der versucht, uns zu manipulieren, zu bestechen oder einzuschüchtern, damit wir heilig sind. Er liebt uns aufrichtig und will das Beste für unser Leben. Wenn die Bibel über die Gefahren der Sünde spricht, dann nur, um uns dabei zu helfen, Schwierigkeiten zu vermeiden und stattdessen das Beste aus unserem Leben herauszuholen. Nicht Gott zuliebe – sondern uns zuliebe.

Würden wir aufhören, die Schnellstraße entlang zu flitzen, und uns umdrehen, würden wir sehen, wie Gott uns in einer heißen Verfolgungsjagd auf den Fersen ist. Nicht um uns zu bestrafen oder zu beschimpfen, sondern um uns zu retten und in die Arme zu schließen. Und vielleicht, um uns wieder in den Wellness-Salon zu bringen.

Gott schätzt uns für das, was wir sind – ohne Bedingungen, ohne Vorbehalte, ohne Kleingedrucktes.

Manchmal denken wir vielleicht, Gott sei nur an unserem Verhalten interessiert, wie ein Weltraumpolizist, der uns beobachtet und nur darauf wartet, dass wir einen Fehler machen. Wir denken vielleicht, dass er es sogar genießt, Menschen zu bestrafen. Denn schließlich haben wir in unserem Leben ein paar Autoritätspersonen kennengelernt, die ihren Spaß daran hatten, ihre Macht auszuüben, und vielleicht ist Gott auch so, nur unendlich viel schlimmer.

Und was noch schlimmer ist: Wir wissen, dass wir Probleme und Schwachstellen und dunkle Ecken haben, die keiner sieht. Von Gott geliebt zu werden kann unheimlich erscheinen. Denn manchmal haben wir Angst, dass unser wahres Ich enttarnt wird, wenn wir Gott nahe kommen.

Wir sehnen uns danach, geliebt zu werden und zu lieben, aber wir fühlen uns nicht liebenswert. Und weil wir unsere Bedürftigkeit kennen, verstecken wir uns vor Gott, der uns am meisten liebt. Weil wir denken, dass er wütend wird, wenn er sieht, wie wir wirklich sind. Also gehen wir mit einem künstlichen Lächeln durch die Welt, und gleichzeitig wird unser Inneres nur von Klebeband und Bindedraht zusammengehalten.

Ich will hier kein überzogen düsteres Bild zeichnen – ich bin mir sicher, dass viele oder sogar die meisten von uns echte Liebe von unserer Familie und unseren Freunden erfahren. Aber tief in unserem Inneren, glaube ich, wollen wir oft mehr. Wir wollen wissen, dass wir wichtig sind, dass wir wertvoll sind, dass wir geliebt werden.

Gott ist die beste Quelle – ich wage zu behaupten: die einzige Quelle – echter Liebe, nach der wir alle suchen. Menschliche Liebe ist toll und wichtig und notwendig, aber sie verblasst im Vergleich zu der Macht der Liebe Gottes, die unsere Seelen sättigt und unsere Herzen heilt.

Gott liebt uns mit unendlicher Liebe und bedingungsloser Leidenschaft. Er sehnt sich danach, uns in die Arme zu schließen – nicht um uns zu kritisieren, zu kontrollieren oder zu verdammen, sondern einfach nur, um uns zu lieben, zu heilen und wiederherzustellen.

Gottes Liebe verfolgt uns – und je eher sie uns zu fassen bekommt, umso besser.

Wahre Liebe

Die Vorstellung von wahrer Liebe fasziniert und begeistert uns Menschen. Einer der klassischen Filme meiner Generation ist *Die Braut des Prinzen.* Wer kann sich nicht an die R.V.A.G.s (die Ratten von außergewöhnlicher Größe), André the Giant oder Inigo Montoya erinnern, der sagt: »Du hast meinen Vater getötet. Jetzt bist du des Todes.«

Jedenfalls kann ich dank dieses Films nicht »wahre Liebe« sagen, ohne die gesamte Hochzeitsszene aus *Die Braut des Prinzen* in meinem Kopf zu hören. »Vermääääähłung ... Vermählung ist das, was uns heute zusammen ... führt ... Vermääääählung ... diese gesegnete Einrichtung. Dieser Traum ... innerhalb eines ... Traumes ... Denn Liebe, wahre Liebe wird euch folgen immer und ewig.«

Eigentlich geht es im ganzen Film um wahre Liebe. Erinnerst du dich an die alte Frau, die Prinzessin Buttercup anschreit, weil sie Wesley betrogen hat? »Euer wahrer Geliebter lebt. Und Ihr heiratet einen anderen!« Dann verspottet sie die Menge: »Verbeugt euch vor ihr. Verbeugt euch vor der Königin des Schleims, der Königin des Drecks, der Königin der Fäulnis. Buh! Buh! Abfall. Dreck. Schleim. Mist. Buh! Buh! Buh!«

Und natürlich gab es Wunder-Max: »Ja, Kleiner, wahre Liebe ist das größte, was es auf der Welt gibt. Abgesehen von einem HAST, ein Hammel-Salat-Tomate-Sandwich, wo der Hammel ganz mager ist und die Tomate ganz reif.«

Ich könnte noch weitermachen, aber ich werde es nicht tun. Mir geht es um Folgendes. Wahre Liebe ist nicht nur das Leitmotiv in *Die Braut des Prinzen*, es ist wohl DAS Leitmotiv des Lebens. Kannst du dir etwas Wichtigeres vorstellen? Schau dir die Popkultur an. Schau dir unsere Filme, Lieder und Bücher an. Schau dir an, was unsere Gedanken und Gespräche beherrscht. Liebe ist das Leitmotiv des Lebens.

Es ist kein Zufall, dass wir uns als Menschen nach der Vorstellung von Liebe verzehren. Bei Gott ist Liebe nicht nur eine Tat – sie ist ein Zustand des Seins. Gott ist Liebe. Sie ist eine der Haupteigenschaften, die ihn zu dem machen, der er ist. Nicht jede Liebe ist Gott, und wir verehren sie auch nicht als Gott. Aber Gott ist die Liebe in Person.

Gott schuf uns, damit wir lieben und geliebt werden. Dieser Wunsch, dieser Reiz, diese magnetische Anziehungskraft der Liebe ist in uns angelegt.

Ohne Liebe werden wir in unserem Leben nie glücklich sein. Freundschaften, Flirts, Romantik, Ehe, Sex, Familie – unser Leben wird von Liebe bestimmt, gelenkt und gestaltet.

Gott schuf Menschen, weil er sich nach Beziehung sehnte. Er schuf Adam und Eva, weil er lieben und geliebt werden wollte. Das war von Anfang an sein Traum und daran hat sich nichts geändert. Er ist immer noch ein Gott, der Liebe mehr als alles andere schätzt.

Darum schuf er einen Garten, genannt Eden. Er war eine Traumwelt und ein Paradies, wo Gott und Menschen zusammen sein konnten. Adam und Eva passten perfekt zueinander und spielten im selben Team. Sie sollten einander in diesem Garten genießen. Sie hatten Obstbäume, sie lebten direkt am Wasser, sie hatten jede Menge Tiere, sie waren verliebt, sie waren nackt – hallo! – und es gab keine Eifersucht oder Scham oder Konflikte. Sie waren die Herzstücke der göttlichen Schöpfung.

Alles lief gut, bis Adam und Eva das eine taten, was sie laut Gott nicht tun sollten: von einem bestimmten Baum im Garten essen. Sie waren inmitten einer Umgebung, die so wundervoll, so beeindruckend und genussvoll war – und sie hatten es auf das einzige Tabu abgesehen.

Jetzt fragst du vielleicht: »Warum hat Gott den Baum überhaupt in den Garten gepflanzt? Warum hat er es nicht einfach unmöglich gemacht, ihm ungehorsam zu sein?«

Per Definition verlangt Liebe die Möglichkeit, sich zu entscheiden. Wenn wir uns nicht entscheiden können, ob wir lieben oder nicht lieben, dann können wir überhaupt nicht von Liebe sprechen. Liebe setzt einen freien Willen voraus – Entscheidungsfreiheit.

Das Gegenteil von Liebe ist nicht Hass, sondern Selbstbezogenheit. Adam und Eva zogen ihr eigenes Ich der Liebe vor. Sie zogen ihr eigenes Ich Gott vor.

Selbstbezogenheit bzw. Egoismus ist das Wesen der Sünde. Denk mal darüber nach: Wie viel Schmerz und Leid auf der Welt wird nicht von Naturkatastrophen oder Unfällen verursacht, sondern von Menschen, die böswillig ihre eigenen Wünsche durchsetzen wollen? Wenn wir einfach nur die goldene Regel befolgen könnten, dass wir andere genauso behandeln, wie wir selbst behandelt werden wollen, dann stell dir mal vor, was mit einem Großteil des Bösen in der Welt geschehen würde.

Aber seien wir ehrlich: Meistens entscheiden wir uns nicht für die goldene Regel, vor allem dann nicht, wenn es uns etwas kostet. Wir bewundern die Vorstellung von Liebe, aber die Selbstbezogenheit ist so tief in uns verwurzelt, dass sie sich normalerweise durchsetzt. Selbst unser Streben nach Liebe ist eher egoistisch – und dann wundern wir uns, warum es mit der Liebe nicht so gut läuft.

Gott gewährte Adam und Eva einen freien Willen, aber sie entschieden sich für die Sünde. Sie setzten das Paradies und die Vollkommenheit aufs Spiel, und jetzt besteht eine Trennung und eine Kluft zwischen Mensch und Gott, die Sünde genannt wird. Diese Kluft entstand, weil der Mensch sich für sein eigenes Ich entschied, aber das konnte Gott nicht aufhalten.

Gott ist gerecht und musste sich mit der Sünde auseinandersetzen. Er konnte sie nicht unter den Teppich kehren. Aber zuallererst ist Gott Liebe, darum konnte er auch nicht einfach die Menschheit auslöschen und von vorne anfangen. Deshalb löste er das Problem der Sünde ein für alle Mal, indem er seinen Sohn Jesus schickte, der die Strafe für unsere Sünde auf sich nahm. Jesus ging ans Kreuz, um die Strafe für jede böse Tat zu bezahlen, die das menschliche Geschlecht jemals begangen hatte. Der Gerechtigkeit wurde Genüge getan und die Menschheit wurde gerettet.

Denk an den Gegensatz zwischen der Selbstbezogenheit Adams und der Liebe Jesu. Adam entschied sich für sein eigenes Ich und die Sünde und durch seinen Egoismus kam das Böse in die Welt. Jesus war die Liebe wichtiger als sein eigenes Ich und durch seine Liebe wurde die Macht der Sünde und des Bösen zerstört.

Die gesamte Bibel ist die Geschichte der Liebe Gottes für die Menschheit. Sie dreht sich nicht um Sünde, Leistung oder Religion; es geht darin um einen Gott, der seine Schöpfung ununterbrochen, wahnsinnig und unermüdlich liebt und der bis ans Äußerste gegangen ist, um die Menschen zu sich zurückzubringen.

Ein Vers – wahrscheinlich der bekannteste in der Bibel – drückt es so aus: »Denn Gott hat die Welt so sehr geliebt, dass er seinen einzigen Sohn hingab, damit jeder, der an ihn glaubt, nicht verloren geht, sondern das ewige Leben hat.« Falls du schon länger kein Footballspiel mehr angeschaut hast – das ist *John 3:16*.

Johannes 3,16 wurde – logischerweise – von einem Typ namens Johannes geschrieben. Johannes war einer der Jünger, die Jesus am nächsten standen. Wir werden später über seine einzigartige Beziehung mit Jesus sprechen. Lass mich hier nur sagen, dass es einen Grund gibt, warum er der Apostel der Liebe genannt wird.

Von allen Jüngern war er wahrscheinlich derjenige, der die Liebe Gottes am besten verstanden hatte.

Gegen Ende seines Lebens, Jahrzehnte nach dem Tod und der Auferstehung Jesu, schrieb Johannes einen Brief, der heute als 1. Johannesbrief bekannt ist. In Kapitel 4, Vers 10 sagt er: »Und das ist die wahre Liebe: Nicht wir haben Gott geliebt, sondern er hat uns zuerst geliebt und hat seinen Sohn gesandt, damit er uns von unserer Schuld befreit.«

Das ist echte Liebe. Das ist wahre Liebe: Nicht wir haben Gott geliebt – das haben wir wirklich nicht, und selbst jetzt sind wir nicht immer die Besten darin, ihn zu lieben –, sondern dieser Gott gab das Beste von sich selbst, um die Schlimmsten von uns zu retten. Wir haben nichts dafür getan, uns seine Liebe zu verdienen, aber er überschüttete die ganze Welt verschwenderisch und bedingungslos mit seiner Liebe.

Heirate eine Prostituierte

Ungefähr 750 Jahre bevor Jesus geboren wurde, gab es in Israel einen Propheten mit dem Namen Hosea. In der damaligen Kultur war ein Prophet jemand, der Gottes Reden hörte und die Botschaft dann an das Volk weitergab. Hosea hatte viel über Liebe zu sagen, vor allem über Gottes Liebe.

Eines Tages kommt Gott zu Hosea und sagt ihm, er habe statt einer Botschaft einen Auftrag für ihn. Hosea sollte bald zu einem Anschauungsobjekt und sein Privatleben sehr öffentlich werden. Die Geschichte steht im ersten Kapitel des Buches, das nach Hosea benannt ist.

Gott sagt: »Hosea, ich habe eine Aufgabe für dich. Bist du bereit?«

Und Hosea so: »Klar, Gott, du und ich, wir arbeiten zusammen – das wird gut.«

»Heirate eine Prostituierte.«

»Entschuldigung, Gott; was meintest du? Ich könnte schwören, du hast gesagt …«

»Heirate eine Prostituierte.«

»Ähm, wow. Also hab ich doch richtig gehört. Nichts für ungut, aber das habe ich nicht erwartet. Das ist echt nicht so vernünftig für einen Mann Gottes. Für die Klatschzeitungen wäre das ein gefundenes Fressen. Mein PR-Typ sagt, ich sollte …«

»Hosea, du wirst eine Prostituierte heiraten. Und Kinder haben.«

Also hört Hosea auf zu jammern und heiratet eine Prostituierte mit dem seltsam klingenden Namen Gomer. Hosea und Gomer lebten nicht glücklich bis ans Ende ihrer Tage, leider. Nicht einmal annähernd.

Ich sollte erwähnen, dass Israels Definition von Liebe zu jener Zeit sehr gestört war. Wenn du das Buch Hosea liest, wirst du sehen, wie sich das in Hoseas Botschaften wiederspiegelt. Die Menschen jener Zeit sahen Liebe als eine Ware an, die gekauft werden konnte. Für sie bestand Liebe auch darin, sich selbst zufriedenstellen zu wollen. Und sie sprachen sogar von einer Liebe für leblose Dinge.

Ihre Definition von Liebe war: Man kann sie kaufen, es geht um die eigene Befriedigung und es geht um Besitztümer und Dinge.

Das klingt sehr nach unserer heutigen Kultur.

Gott erkennt, dass er ihnen zeigen muss, was Liebe wirklich ist. Also sagt er zu Hosea: »Heirate eine Prostituierte.«

Hosea heiratet Gomer und am Anfang geht alles gut. Sie haben erst ein Kind, dann noch eins und dann noch eins. Sie sind jetzt eine Weile verheiratet. Eines Tages wacht Hosea auf und sie ist weg. Sie hat die Familie verlassen und ist in die Prostitution zurückgekehrt.

Hosea trägt jetzt die Bürde, alleinerziehender Vater von drei Kindern und der geistliche Leiter Israels zu sein.

Das bringt uns zu Hosea, Kapitel 3. Gott sagt zu Hosea: »Geh und liebe nochmals eine Frau, auch wenn sie sich nebenbei von anderen Männern lieben lässt und ständig die Ehe bricht.« Er meint damit Gomer.

»Was?« fragt Hosea ungläubig.

»Geh und mache Gomer ausfindig. Geh und liebe diese Frau, die jetzt gerade Ehebruch begeht. Geh und mache deine Frau ausfindig und liebe sie.«

Und dann macht Gott eine der verblüffendsten Aussagen überhaupt. Er trägt Hosea auf, Gomer zu lieben, »gleichwie der Herr die Kinder Israels liebt«. Gott sagt, dass seine Liebe nicht wie unsere ist. Gegen alle Vernunft, entgegen unserer menschlichen Vorstellungen von Gerechtigkeit und Hingabe versagt Gottes Liebe niemals.

Wie herzzerreißend muss dieser Prozess für Hosea sein! Er muss seine Frau, eine ehemalige Prostituierte finden, die wieder zur Prostitution zurückgekehrt ist. Gomer zu finden ist keine angenehme Sache. Das ist nicht schön oder anständig. Er läuft die Straße entlang und betritt Gebäude, um die anständige Menschen einen großen Bogen machen. Ein Mann Gottes sollte dort nicht gesehen werden, das weiß jeder.

Aber dahin geht Hosea und sucht nach seiner Frau. Das ist unlogisch. Das ist ungerecht. Das ist übertrieben. Eigentlich sollte er so etwas gar nicht tun müssen.

Es wird noch unglaublicher. In Vers 2 steht: »So kaufte ich mir eine Frau für 15 Silberstücke.«

Warte! Was? Sie war doch seine Frau. Warum bezahlt er für sie?

Irgendwie war Gomer in die Fänge des Sexhandels geraten. Offenbar hatte sie Hosea freiwillig verlassen, aber jetzt steckte sie fest.

Vielleicht findet Hosea sie irgendwo auf einem Podest, gefesselt und angekettet, geschlagen oder zum Verkauf für den Höchstbietenden angeboten. Hosea sieht seine Frau, die Mutter seiner drei Kinder und er sagt zu ihrem Verkäufer: »Verzeihen Sie, mein Herr, aber das ist meine Frau.«

Der Mann sagt: »Mich interessiert nicht, was Sie denken, wer sie ist – das ist ihr Preis.«

»Aber ich ... Aber sie ... Okay. Ich verstehe. Was ist der Preis?«

Hosea bezahlt das Geld und nimmt seine Frau in Empfang. Kannst du dir diesen Tausch vorstellen? Als Hosea in die Augen seiner Frau schaut?

Zweifellos senkt sie beschämt ihren Blick. Sie erwartet Ablehnung. Sie erwartet Zurechtweisung. Gomer weiß, wie es ist, von Männern bezahlt zu werden, die sie benutzen wollen. Das ist ihre Lebensgeschichte. Sie denkt, dass sie das verdient. Aber Hosea kauft sie nicht, um sie zu benutzen. Er kauft sie, um sie zu heilen.

Sie muss sich fragen: *Er hat mich gefunden – und jetzt kauft er mich? Ich habe ihn verlassen. Ich habe unsere drei Kinder verlassen. Und trotzdem besteht er darauf, mich zurückzukaufen? Was ist das für ein Mann?*

In Vers 3 steht, was Hosea seiner Frau als Nächstes sagt. Das haut mich einfach um, denn ich kann mir nicht vorstellen, dass ich das an seiner Stelle gesagt hätte. »Du sollst lange Zeit in meinem Haus leben ohne zu huren. In dieser Zeit wirst du mit niemandem Geschlechtsverkehr haben, nicht einmal mit mir.«

Was macht er da? Er erneuert ihr Eheversprechen. Er stellt ihre Beziehung wieder her. Gomer ist wahrscheinlich noch nicht einmal in der Lage aufzusehen, aber er stellt ihre Ehe so dar, als hätte sie ihm nie etwas Böses getan.

Interessanterweise bedeutet der Name Hosea auf Hebräisch »Rettung« und der Name Gomer »Vollendung«. Ich glaube, das ist kein Zufall. Schon 750 Jahre vor Jesus predigt Gott hier das Evangelium. Er sagt seinem Volk, dass er – mitten in ihrer Rebellion, Widerspenstigkeit und Sünde – ihre Rettung zur Vollendung bringen wird. Egal wie weit sie von ihm abgeirrt sind, er wird die Initiative ergreifen, um sie zu finden, zu heilen und zu lieben.

Hosea ist also ein Bild für Gott und – das ist jetzt nicht böse gemeint – Gomer ist ein Bild für dich und mich.

Gott schuf die Menschheit. Wir gehören ihm. Aber durch die Sünde haben wir ihn sozusagen verlassen. Die Menschheit kehrte Gott den Rücken zu und bestand darauf, eigene Wege zu gehen.

Und doch bezahlte Gott vor zweitausend Jahren einen teuren Preis, um uns von der Sünde zu erlösen. Er bezahlte für etwas, was ihm bereits gehörte, und sein Sohn Jesus vergoss sein Blut, um uns zurückzukaufen.

Unser Hosea kam. Die Rettung kam. Er fand dich und mich. Er musste an die abscheulichsten Orte gehen und die dunkelsten Straßen absuchen, um die Menschen zu finden, die er so leidenschaftlich liebt. So wie Hosea seine Frau suchte, so kam Jesus, um uns zu suchen und die Menschheit zu retten.

Und übrigens, als Gott uns fand, waren wir nicht so nett und ordentlich und in so gutem Zustand wie jetzt. Wir waren in Ketten. Wir waren nackt, sündig und hilflos. Und unser gnädiger Gott sagte: »Was sollen sie kosten? Gut. Ich sende meinen Sohn Jesus.«

Du bist Gomer. Ich bin Gomer. Wir wollten unbedingt unsere eigenen Pläne und unseren eigenen Willen verfolgen, und das führte nur dazu, dass wir in der Sünde stecken blieben. Aber Gott ließ sich nicht davon aufhalten. Er gönnte sich keine Ruhe, bis er uns fand.

Vielleicht hast du an all den falschen Orten nach Liebe gesucht und bist jetzt müde, schmutzig, schämst dich und lässt den Kopf hängen. Gott ist immer noch wahnsinnig in dich verliebt. Seine Liebe wird nicht davon beeinflusst, wer du bist oder wo du warst oder mit wem du die letzte Nacht verbracht hast. Er will, dass du deine Abwehrhaltung aufgibst und seine Umarmung annimmst. Seine Liebe ist echt. Er will dich nicht, weil du etwas für ihn tun kannst – er will dich, weil du *du* bist.

Gott liebt die Welt – und Gott liebt dich, mit ungezügelter, unbeschreiblicher, unermüdlicher Liebe. Seine Liebe lässt das Leben funktionieren. Sie findet dich und heilt dich. Sie verfolgt dich und umarmt dich.

Wenn du Gottes Liebe entdeckst, verändert sich alles.

2

Liebe ohne jede Logik

Gott, der Groupie

Kürzlich hatte ich das furchteinflößende Privileg, Groupies in Aktion zu beobachten.

Das Wort *Groupie* trifft es vielleicht nicht am besten, aber du weißt, wovon ich spreche: leidenschaftliche, übertriebene Fans, die keine Mühen scheuen, um ihre Hingabe zu zeigen. Ich war bei einigen Veranstaltungen, sah mir die Vorstellungen der Stars an und sah auch, wie ganze Schwärme dieser sonderbaren Wesen anwesend waren.

Ich will hier jetzt niemanden provozieren, aber ich habe festgestellt, dass die Mehrheit dieser Groupies nicht männlichen Geschlechts ist. Das ist nur meine Beobachtung, verstehst du; ich bin nicht sexistisch. Wir Jungs sind meistens keine Groupies, weil wir ein gewaltiges Ego haben. Wir haben ein Problem mit Stolz. Ich will hier also keinen niedermachen. Ich habe nämlich das Gefühl, dass einige von euch mich gerade wütend anstarren.

Na ja, auf jeden Fall haben diese Promis eine leidenschaftliche, hingegebene Gefolgschaft. Millionen von Menschen verfolgen jede ihrer Bewegungen. Wenn eines dieser Idole aus der Unterhaltungsindustrie twittert: »Ich habe gerade Doritos gegessen #hungrig«, geraten augenblicklich Tausende in Verzückung und verkünden in den sozialen Netzwerken: »OMG, ich mag Doritos auch! Das ist ein Zeichen! #hungrignachdir #heiratemich.« Und zwei Wochen lang sind in allen Läden die Doritos ausverkauft.

Am verrücktesten dabei ist, dass Mädchen – oder Frauen? – überall auf der Welt davon überzeugt sind, dass sie ihre Promi-Schwärme einmal heiraten werden. Es gibt sogar christliche Frauen, die denken, Gott würde das für sie organisieren; sie glauben, er habe zu ihnen gesprochen, dass sie dazu bestimmt seien, diese bestimmte Person zu heiraten. Na gut. Wer bin ich, dass ich mit Gott streiten würde?

Groupies tun so etwas. Sie sind so. Sie können nichts dafür. Sie reisen, sie folgen, sie schauen zu, sie lieben und sie glauben, dass sich eines Tages, irgendwo bei irgendeinem Konzert ihre Blicke treffen und sich das Motto von Walt Disney erfüllt – und sie lebten glücklich bis ans Ende ihrer Tage.

Die meisten von uns würden das wahrscheinlich als kein gesundes Verhalten bezeichnen. Und wenn wir eine Minute Zeit hätten, um eine dieser jungen Damen, eins dieser Fangirls anzusprechen, würden wir sagen: »Warte mal, junge Dame. Schau dich an. Du bist intelligent. Du bist hübsch. Du bist toll. Lass einfach los!«

»Was loslassen?« würde sie sagen.

»Ihn loslassen!«

»Wen?«

»Den Typen, mit dem du dein ganzes Zimmer tapeziert hast!«

»Nein, nicht ihn!«

»Doch – er wird dich nie lieben!«

»Das weißt du doch gar nicht!«

»Ich bin mir aber ziemlich sicher!«

Es ist toll, wenn sie seine Musik gut findet und denkt, dass er irgendwie süß ist. Aber wenn sie sagt, dass sie ihn heiraten und für immer und ewig lieben will, dann ist das ein himmelweiter Unterschied. Die harte Realität ist, dass er ihre Gefühle nie erwidern wird. Das wird einfach nicht passieren.

Die meisten von uns würden versuchen zu sagen: »Das ist nicht gesund. Es ist nicht gut für dich. Es wird dir das Herz brechen, denn es wird niemals passieren.«

Und eine bestimmte Bevölkerungsgruppe wird sich einschalten und versuchen, sie zur Vernunft zu bringen: »Werd' erwachsen. Das wird nicht funktionieren. Glaub mir, ich weiß es. Donnie von *New Kids on the Block* und ich – wir sind auch nie zusammengekommen. Das wird auch bei dir nicht passieren.«

Es ist nicht gesund. Es ist nicht gut. So sagen wir es und vielleicht haben wir Recht.

Gott liebt die Welt

Im letzten Kapitel haben wir uns Johannes 3,16 angesehen. Es lohnt sich, diese Aussage zu wiederholen: »Denn Gott hat die Welt so sehr geliebt, dass er seinen einzigen Sohn hingab, damit jeder, der an ihn glaubt, nicht verloren geht, sondern das ewige Leben hat.« Begreifst du das? Gott ist der größte Groupie überhaupt. Es ist schon fast peinlich, wie versessen er auf uns ist.

Alle denken, das ist so ein netter Vers, und er ist wirklich nett – aber er beginnt mit einem galaktischen, unlogischen, irrsinnigen Satz: »Denn Gott hat die Welt so sehr geliebt.« Da steht nicht:

»Denn Gott hat die geliebt, die ihn auch lieben.« Da steht einfach nur: »Denn Gott hat die Welt so sehr geliebt.«

Gott liebt die Welt. Und wenn du das einfach liest, ohne dass dir das komisch vorkommt, dann liest du es zu schnell. Gott liebt die ganze Welt? Das ergibt keinen Sinn. Das ist verrückt. Was ist mit den Bösen? Was ist mit den Gleichgültigen? Was ist mit denen, die sich über ihn lustig machen, die ihre bösen Taten zur Schau stellen und sich offen über seine Gebote hinwegsetzen?

Denk mal kurz darüber nach, wie verrückt Gottes Liebe für die Welt ist. Gott weiß alles. Er befindet sich jenseits von Raum und Zeit, und er weiß, was geschehen wird, bevor es geschieht. Ich kann das nicht vollständig erklären, aber Gott weiß, wer ihn lieben und aufnehmen wird, und trotzdem entscheidet er sich, die ganze Welt zu lieben. Unterschiedslos. Maßlos. Hartnäckig.

Gott unterscheidet nicht zwischen Menschen, die ihn lieben, und Menschen, die ihn hassen, zumindest nicht in dem Sinne, dass es seine Liebe für sie beeinflussen würde. Er liebt die Guten nicht mehr als die Schlechten. Seine Liebe ist bedingungslos. Sie beruht auf dem, wer er ist, nicht auf dem, wer wir sind oder was wir tun.

Gottes Liebe ist beständig, unveränderlich, unablässig. Er wird uns nie mehr oder weniger lieben als jetzt in diesem Moment. Verglichen mit Gottes verrückter, unlogischer Liebe für Menschen, die ihn nie beachten, nie auf ihn reagieren und ihn nie zurücklieben werden, sind weibliche Groupies regelrecht gefühlstot.

Einige von uns würden Gott aus unserem hart erworbenen Erfahrungsschatz gerne einen Rat geben. »Aber Gott«, würden wir zu ihm sagen, »das ist nicht gut. Das ist nicht normal und auch nicht gesund oder logisch. Du bist ja wie besessen von diesen Menschen. Du beobachtest jede ihrer Bewegungen. Du folgst ihnen auf Twitter. Du stellst ihnen auf Facebook nach. Du liest das

People-Magazin. Gott! Stopp! Sie werden dich nie anerkennen. Sie werden dich nie kennenlernen. Sie werden dich nie lieben.

Das ist nicht gut für dich, Gott! Mich zu lieben ist sinnvoller; ich erwidere deine Liebe. Aber diese ganze Idee, dass du jeden liebst – das ist nicht gut. Du musst mit deinen Gefühlen und Emotionen ein bisschen wählerischer sein. Wie kannst du deine Liebe so verschwenden? Du musst vorsichtig sein. Du musst aufpassen. Du solltest deine Gefühle nicht so sehr in hoffnungsvolle Fälle investieren.«

Als Menschen geht es uns normalerweise nicht gut, wenn unsere Zuneigung nicht erwidert wird. Wir sind auf Erwiderung angelegt. Gegenseitige Resonanz ist in einer Liebesbeziehung unverzichtbar.

Wenn meine Frau Chelsea und ich ausgehen und sie mir ihr Herz ausschüttet, ich aber damit beschäftigt bin, meinen Instagram-Feed zu checken – glaub mir, das wird für mich nicht gut ausgehen, und zu Recht.

Klar, es gibt Zeiten, da ist unsere Liebe einseitig, aber nur bis zu einem gewissen Punkt. Irgendwann wird sich unsere Liebe in Gleichgültigkeit oder sogar Hass verwandeln, wenn das Objekt unserer Liebe uns lange genug ignoriert oder zurückweist.

Nicht aber Gott. Er ist auf uns versessen und nichts, was wir tun, könnte das jemals ändern.

Ich mach das dann später

Im zweiten Kapitel des 1. Timotheusbriefs steht, dass Gott »möchte, dass jeder gerettet wird und die Wahrheit erkennt. Denn es gibt nur einen Gott und nur einen Vermittler zwischen Gott und den Menschen: Das ist Christus Jesus, der Mensch geworden ist. Er gab sein Leben, um alle Menschen freizukaufen.«

Jesus starb, um jeden freizukaufen. Denk mal kurz darüber nach. Wir überlesen das so schnell, aber das ist der Wahnsinn. Wenn du wüsstest, wer dich annehmen und wer dich ablehnen würde, würdest du dann für jeden sterben?

Am Kreuz nahm Jesus die Strafe für alle Sünden auf sich. Sein Leiden bestand nicht nur aus Nägeln oder einer Dornenkrone oder den Peitschenhieben auf seinem Rücken. Die größte Qual und der größte Schmerz waren, dass Jesus selbst zum Sündopfer wurde. Er trug auf seinem Körper jede einzelne Sünde, die jemals begangen werden würde.

Wenn ich Gott wäre und mein Sohn freiwillig die Bürde und die Strafe für die Sünden der Menschheit auf sich nehmen würde, würde ich ihm nur die Sünden derer auferlegen, die das Opfer auch annehmen. Alles andere wäre Verschwendung. Warum sollte man das Leid noch schlimmer machen, indem man ihn für Menschen sterben lässt, die nie auf die Qualen reagieren werden, die er um ihretwillen durchmacht?

Doch Jesus trug die Strafe für alle Sünden, die jemals von jedem einzelnen Menschen, der je leben würde, begangen werden würden.

Dafür gibt es nur eine einzige Erklärung: Liebe. Diese Liebe befindet sich auf einer solch vernunftwidrigen und unlogischen Ebene, dass wir wahrscheinlich »…« dahinter schreiben sollten, weil Gottes Liebe nicht aufgeht. Sie lässt sich nicht auflösen. Es gibt dabei keinen Abschluss. Wir können das nicht völlig verstehen oder erklären. Deswegen ist es das Beste, wenn wir *Punkt, Punkt, Punkt* dahinter setzen.

Als ich in der zwölften Klasse war und den Vorbereitungskurs für Mathe an der Uni belegte – eine Geschichte, die ich ein andermal erzählen werde – und ich etwas nicht verstand, dachte ich immer bei mir: *Ich überspringe das jetzt erst mal und mach das dann später.* Also hab ich es übersprungen und bin zur nächsten Aufgabe weiter gegangen. Aber dann habe ich die auch nicht verstanden. Also habe ich sie auch übersprungen. *Ich mach das dann später.*

Schließlich blieben keine Aufgaben mehr übrig. Mein »ich mach das dann später« hat mir nichts genützt, denn ich hatte es immer noch nicht verstanden. Ich konnte einfach nicht begreifen, warum Mathe – wobei es eigentlich um Zahlen gehen sollte – Buchstaben enthält. Wer hat sich das ausgedacht?

Egal wie oft wir uns die Liebe Gottes ansehen, wir können sie nie völlig verstehen. Sie ist noch viel unverständlicher als Algebra, Quantenphysik, Raketentechnik und weibliche Intuition zusammen genommen.

Gott liebt die Welt. Ich werde den Rest meines Lebens mit dem Versuch zubringen, das zu verstehen.

3

Die Liebe leitet

Beginne mit dem Ziel

Ich weiß nicht, warum Menschen so ein Faible für Floskeln haben. Wir reduzieren komplexe Probleme gerne auf nette Sprüche und plakative Gedanken. Vielleicht verstärkt das unsere Illusion von Kontrolle oder so.

Wir reichen diese Floskeln von Generation zu Generation weiter. Ich ertappe mich als Vater auch dabei. »Sohn, was dich nicht umbringt, macht dich stärker.« Ja, klar, aber auch wenn es dich nicht umbringt, tut es trotzdem weh.

Oder was ist mit diesem Spruch: »Ohne Fleiß kein Preis«? Das ist deprimierend. Das war das Motto meines Vaters: »Ohne Fleiß kein Preis.« Aber eigentlich finde ich den Spruch gut. Den mag ich wirklich.

Als ich in der zwölften Klasse der Highschool war, traf ich zum ersten Mal auf jemanden, der nach solch einer Floskel lebte. Ein Lehrer hatte erwähnt, sein Lieblingsvers aus der Bibel sei: »Hilf dir selbst, dann hilft dir Gott.« Ich brachte es nicht übers Herz, ihm zu sagen, dass das eigentlich nicht in der Bibel steht. Es ist nur eine Floskel.

Es gibt einen Spruch, den ich wirklich mag. Er ist einfach, aber echt tiefgründig: »Beginne immer mit dem Ziel vor Augen.« Damit verwandt ist der Spruch: »Es kommt nicht darauf an, wie du etwas anfängst, sondern wie du es zu Ende bringst.« Diese beiden Sprüche beinhalten eigentlich eine Menge Lebensweisheit.

Wenn du darüber nachdenkst, etwas anzufangen, ist es immer gut, wenn du dir die Frage stellst: *Was ist das Ziel?* Wenn du dann weißt, wohin du willst, kannst du entsprechend anfangen. Es geht um Nachhaltigkeit, es geht um Beständigkeit und es geht darum, etwas gut zu Ende zu bringen.

Wenn du Kinder hast, dann beginnst du über das Ende nachzudenken. Nicht darüber, »dein Leben zu beenden« – das will ich nicht damit sagen. Das mag zwar auch zutreffen, aber das wollte ich nicht sagen. Wenn du anfängst, Kinder großzuziehen, ertappst du dich bei der Frage: *Was wird am Ende meiner Erziehung dabei herauskommen? Mache ich es richtig? Treffe ich die richtigen Entscheidungen? Werde ich ihr Leben ruinieren, wenn ich ihnen jetzt Donuts kaufe?* Wenn ihr Eltern seid, wisst ihr, was ich meine.

Wir sollten nicht nur in Bezug auf unsere Kinder über diese Dinge nachdenken, sondern auch was unser eigenes Leben betrifft. Was wird aus uns werden? Wofür wollen wir bekannt sein? Was soll auf unserem Grabstein stehen? Mit anderen Worten, wir müssen uns entscheiden, wofür wir leben und wofür wir sterben wollen.

Ich glaube, wenn wir in Bezug auf unsere Sterblichkeit und Endlichkeit ehrlich mit uns selbst sind, werden die meisten zustimmen, dass es im Leben um mehr geht, als nur darum, uns selbst glücklich zu machen. Es geht um mehr als Geld, Ruhm, Sex, Macht oder Vergnügen. Wenn du schon eine Weile auf dieser Erde bist, hast du sicherlich schon festgestellt, dass diese Dinge nicht von Dauer sind und sowieso nicht wirklich zufriedenstellen. Sie sind zwar nicht schlecht – im richtigen Zusammenhang gesehen sind sie gut –, aber sie verdienen es nicht, als Lebenszweck verehrt zu werden.

Wenn wir an Gott glauben und daran, dass er uns genug geliebt hat, um seinen Sohn Jesus zu senden, damit wir Vergebung finden, besteht der nächste logische Schritt darin, festzustellen, dass das Leben auf Gott verweist. Unsere Beziehung zu ihm gibt unserem Leben Bedeutung und Festigkeit.

Wenn ich sterbe, will ich nicht für meine politische Überzeugung bekannt sein. Ich will nicht für irgendeine Erfindung bekannt sein. Ich will nicht bekannt sein für eine Organisation, die ich aufgebaut habe.

Wenn ich sterbe, will ich als Mensch bekannt sein, der Jesus kannte, Jesus erlebte, von Jesus geliebt wurde und auf Jesus ausgerichtet war. Wenn meine Familie etwas auf meinen Grabstein schreibt, dann will ich, dass es mit Jesus zu tun hat. Ich will, dass mein Leben dort endet, darum will ich, dass mein Leben auch dort beginnt.

Das Problem ist, dass ich nicht dafür garantieren kann, dass ich Jesus auch weiterhin folgen werde. Ich bin nicht schlau, selbstdiszipliniert oder heilig genug, um durchs Leben zu gehen, ohne dabei von Egoismus und Sünde abgelenkt zu werden. Ich versuche vielleicht mein Bestes zu geben, um Gott treu zu sein und das Richtige zu tun, aber ich weiß, dass ich nur ein Mensch bin. Ich weiß, dass ich versagen werde.

Last Man Standing

Ich bin natürlich nicht der erste Mensch im Universum, der sich damit abmüht. Jeder, der versucht hat, das Richtige zu tun, weiß, wie frustrierend das sein kann. Wir machen großartige Versprechungen, dass wir für Gott leben werden, aber dann ertappen wir uns dabei, wie wir noch im selben Moment versagen.

Gegen Ende der Zeit, die Jesus auf der Erde verbracht hat, gibt es eine Geschichte, die schildert, wie wir sichergehen können, dass wir am Ende unseres Lebens dort sein werden, wo wir sein wollen – nah bei Jesus.

Erinnerst du dich an Johannes, den wir uns im letzten Kapitel angesehen haben? Gegen Ende seiner Biografie über Jesus – im Johannesevangelium – beschreibt er die berühmteste Dinnerparty aller Zeiten: das letzte Abendmahl. Es heißt das letzte Abendmahl, weil es die letzte gemeinsame Mahlzeit war, die Jesus mit seinen zwölf Jüngern einnahm, bevor er am Kreuz starb.

Diese jungen Männer glaubten, Jesus sei ein politischer Retter, der Israel zur Freiheit von Rom verhelfen würde. Sie erwarteten, dass er Rom irgendwie stürzen und das Reich Israel wiederherstellen würde. Wenn wir davon ausgehen, dass Rom nicht allzu begeistert war, von einem Aufruhr zu hören, und die Pharisäer und andere religiöse Führer jener Zeit krankhaft eifersüchtig auf Jesu Beliebtheit waren, war die Situation während des Abendessens wahrscheinlich ziemlich angespannt.

In Kapitel 13 beschreibt Johannes, was gegen Ende des Mahls geschah:

Als Jesus das gesagt hatte, wurde er betrübt im Geist und bezeugte und sprach: Wahrlich, wahrlich, ich sage euch:

Einer unter euch wird mich verraten. Da sahen sich die Jünger untereinander an, und ihnen wurde bange, von wem er wohl redete. Es war aber einer unter seinen Jüngern, den Jesus lieb hatte, der lag bei Tisch an der Brust Jesu. Dem winkte Simon Petrus, dass er fragen sollte, wer es wäre, von dem er redete. Da lehnte der sich an die Brust Jesu und fragte ihn: Herr, wer ist's? Jesus antwortete: Der ist's, dem ich den Bissen eintauche und gebe. Und er nahm den Bissen, tauchte ihn ein und gab ihn Judas, dem Sohn des Simon Iskariot. (Verse 21-26 LUT)

Vielleicht hast du bemerkt, dass in dieser Stelle von der *Brust* Jesu die Rede ist. Das ist heutzutage nicht gerade ein männlicher Begriff. Aber er ist für unsere Geschichte wichtig, darum erkläre ich, warum er hier steht. Wörtlich gesehen ist damit ein Teil seines Körpers gemeint, aber in der jüdischen Kultur symbolisierte es Fürsorge, Gemeinschaft und Vertrautheit. Damals aßen die Menschen an niedrigen Tischen und lagen auf Kissen. Darum lehnte der Jünger, »den Jesus lieb hatte«, im Prinzip an Jesus, als sie aßen. Heute wäre das seltsam und definitiv ein Eingriff in die Privatsphäre, aber damals war es einfach nur ein Zeichen enger Freundschaft.

Falls du es noch nicht erraten hast, Johannes selbst war »der Jünger, den Jesus liebte«. Er spricht im Johannesevangelium fünfmal auf diese Weise von sich selbst. Ich finde das toll – Johannes definierte sich durch die Liebe Jesu. Es klingt fast etwas wichtigtuerisch, aber das war es nicht. Er war sich der Liebe Jesu einfach 100 Prozent sicher. Die anderen Jünger lasen sein Buch wahrscheinlich erst später und sagten dann so: »Du liebe Zeit, Johannes! Warum sagst du das immer? Er liebte uns alle.« Johannes lebte einfach so, als wäre er der Liebling Jesu. Ich finde, das ist eine großartige Art zu leben.

Also essen sie alle zusammen und Jesus lässt die Bombe platzen. Er sagt, einer von ihnen wird ihn verraten.

Denk daran, dass alle Jünger nur wenige Stunden zuvor versprochen hatten, treu zu Jesus zu stehen, komme was da wolle – und sei es der Tod. Das Gespräch wurde im vierzehnten Kapitel des Markusevangeliums in den Versen 27-31 festgehalten:

> *»Ihr werdet mich alle verlassen«, sagte Jesus zu ihnen. »Denn in der Schrift heißt es: ›Gott wird den Hirten schlagen, und die Schafe werden zerstreut werden.‹ Doch wenn ich von den Toten auferstanden bin, werde ich euch nach Galiläa vorausgehen und dort auf euch warten.« Da sagte Petrus zu ihm: »Auch wenn alle anderen sich von dir abwenden, ich werde es nicht tun.« »Petrus«, entgegnete Jesus, »ich sage dir: Noch heute Nacht, bevor der Hahn zwei Mal kräht, wirst du mich drei Mal verleugnen.« »Nein!«, beharrte Petrus. »Und wenn ich mit dir sterben müsste! Niemals werde ich dich verleugnen!« Und auch die anderen Jünger beteuerten dies.*

Von allen Jüngern neigt Petrus am meisten dazu, viel zu reden. »Auch wenn alle anderen sich von dir abwenden, ich werde es nicht tun.« Und das meint er auch so. Wirklich. Doch wenige Stunden später, als Jesus verhaftet und gefangen genommen wird, fliehen alle Jünger. Und Petrus verleugnet Jesus drei Mal, so wie Jesus es gesagt hatte.

Jetzt werfen wir einen Blick auf das Ende. In Johannes Kapitel 19, Verse 25-27, sehen wir Jesus am Kreuz:

Und so machten sie es. In der Nähe des Kreuzes standen die Mutter von Jesus und ihre Schwester sowie Maria, die Frau von Klopas, und Maria Magdalena. Als Jesus seine Mutter dort neben dem Jünger stehen sah, den er lieb hatte, sagte er zu ihr: »Frau, das ist jetzt dein Sohn.« Und zu dem Jünger sagte er: »Das ist nun deine Mutter.« Von da an nahm der Jünger sie zu sich in sein Haus.

Am Ende steht Johannes direkt neben dem Kreuz. Genau neben der Person, deren Liebe ihm alles bedeutete. Die Bibel sagt uns nicht, wo die anderen Jünger waren. Sie waren vielleicht gar nicht beim Kreuz.

Vor allem Petrus glänzt durch Abwesenheit. Nachdem er Jesus das dritte Mal heftig verraten hatte, lesen wir in Lukas Kapitel 22: »Petrus ging hinaus und weinte bitterlich«, als er sich daran erinnerte, was Jesus ihm gesagt hatte. Während Johannes sich also am Fuß des Kreuzes befindet, ist Petrus irgendwo anders mit seinem Versagen beschäftigt. Ich will mir kein Urteil erlauben, aber das war nicht die beste Zeit, um sich in Selbstmitleid zu ergehen. Wenn Jesus jemals Treue und Freundschaft gebraucht hätte, dann jetzt. Doch Petrus, der Jesus mehr als jeder andere seine Treue geschworen hatte, ist nirgendwo zu finden.

Was war das Besondere an Johannes, das ihn (soweit wir wissen) dazu brachte, der einzige Jünger zu sein, der unter dem Kreuz bei Jesus war? Wie sah sein Anfang aus und wie führte ihn das zum gewünschten Ende? Und was war Petrus' Merkmal, das ihn am Ende zu Fall brachte? Schließlich wurde Jesus sowohl von Petrus als auch von Johannes geliebt und beide wollten das Richtige tun. Warum ist Johannes dafür bekannt, dass er sich am Kreuz befand, und Petrus dafür, dass er Jesus öffentlich verleugnete?

Die Antworten auf diese Fragen zeigen uns, wie wir Gott bis zum Ende treu bleiben können.

Johannes versus Petrus

Kommen wir zurück zu der Szene in Johannes 13, die als das letzte Abendmahl bekannt ist. Wenn ich diese Stelle lese, fühle ich mich wie im Film und die Kamera schwenkt immer zwischen den Hauptdarstellern hin und her. Die meisten würden sagen, dass Judas hier einer der Hauptdarsteller ist, aber eigentlich sind die wahren Stars hier Jesus, Petrus und Johannes. Du wirst feststellen, dass die Kamera sie mehr als einmal fokussiert.

Jesus sagt, einer von ihnen wird ihn verraten. Alle ringen nach Luft. Sie verfallen in Panik und blicken einander an. Die Kamera macht eine Nahaufnahme von Johannes und zeigt, wie er neben Jesus liegt. Er macht eigentlich nichts anderes, als sich dort an Jesus zu lehnen.

Schwenk – jetzt Petrus. Petrus macht das, was die meisten von uns tun würden. Verzweifelt gibt er Zeichen und versucht herauszufinden, wer der Übeltäter ist. Ich vermute, er zeigt oft mit dem Finger auf die anderen: »Ist er es? Oder er? Oder was ist mit dem da?« Das wäre doch typisch Petrus, oder nicht? Und das wäre auch, was ich tun würde.

Es wird gefährlich und Petrus läuft Sturm. Er muss irgendetwas tun. Er muss herausfinden, wer der Verräter ist. Er muss die Dinge in Ordnung bringen.

Damit kann ich mich identifizieren. Wenn in meinem Leben Schwierigkeiten auftauchen, ist meine reflexartige Reaktion darauf nicht, wie Johannes herumzuliegen. Ich springe auf wie Petrus und will etwas tun. Wenn es in deiner Firma, deiner Familie oder mit deiner Gesundheit Probleme gibt, ist deine spontane Reaktion wahrscheinlich auch nicht, Jesus als Kopfkissen zu benutzen, oder? Du willst etwas tun.

Es gibt noch zehn andere Jünger, darunter Judas, aber von denen hören wir nicht viel. Warum nimmt sich die Bibel Zeit, diese beiden Charaktere zu vergleichen? Ich glaube, Gott will uns allein durch die Körperhaltung und Reaktion dieser beiden Männer etwas sagen.

Interessante Anmerkung: Der Name von Petrus bedeutet »Stein«. Die Zehn Gebote waren auf Stein geschrieben. Der Name von Johannes bedeutet »der Herr ist gnädig«. Ich glaube, hier sehen wir den Kontrast zwischen Gesetz und Gnade.

Petrus ist engagiert, tätig und bemüht. Und genau das geschieht, wenn man sich auf sich selbst verlässt, um Gottes Gebote zu erfüllen. Das ist ein Leben, das nach dem Stein gelebt wird, nach dem Gesetz. Wir erarbeiten es uns und setzen es um. Es geht um Leistung. Es geht um Einsatz.

Dazu tendiert Petrus, und dazu neigen auch wir oft. Wenn's drauf ankommt, wenn es hart auf hart kommt, wenn der Druck steigt (wow, jetzt fallen mir die ganzen Floskeln ein), dann müssen wir etwas *tun*. Also verschicken wir E-Mails, machen Anrufe und berufen eine Sitzung ein.

Was hat Johannes für ein Problem? Also wirklich, Johannes. Jesus hat Schmerzen. Er leidet, und du benutzt ihn als Kopfkissen? Brauchst du ein Red Bull oder einen dreifachen Caffè Latte oder so?

Aber wer stand bei der Kreuzigung am Fuß des Kreuzes? Nur Johannes. Petrus glänzte schmerzlich durch Abwesenheit.

Darum geht es mir. Johannes verstand, was es hieß, in der Liebe Jesu zu leben. Er wusste, wie er seinen Kopf auf das Herz Jesu legen konnte, auch wenn Chaos, Unsicherheit und Angst an der

Tagesordnung waren. Er war der Jünger, »den Jesus liebte«. Die Liebe Jesu war seine Identität, sein Fokus, seine Priorität. Mit der Liebe begann er, mit der Liebe führte er sein Leben und die Liebe trug ihn auch bis zum Ende.

Johannes verließ sich nicht wie Petrus auf seine Muskelkraft, seinen Verstand und seinen Mut. Anscheinend glaubte er nicht, alles in Ordnung bringen zu müssen. Er wusste, dass echte Sicherheit und Stärke nicht in hektischer menschlicher Anstrengung lagen, sondern darin, in der Liebe Jesu zu ruhen.

Magnetische Liebe

Interessanterweise war Petrus nicht der einzige, der sein Treuegelübde brach. In der Bibel steht, dass alle Jünger dasselbe Versprechen gaben. Einschließlich Johannes – er versprach etwas und versagte.

Aber es gab etwas Besonderes an der Beziehung zwischen Johannes und Jesus, das tiefer ging als Johannes' Versprechen und Verhalten. Es war etwas, was ihn befähigte, sein Versagen fast sofort zu überwinden und im entscheidenden Moment an die Seite Jesu zurückzukehren.

Dieses Etwas war Liebe.

Und auf der Grundlage dessen, was ich in den Texten von Johannes lese, würde ich sagen, dass es nicht so sehr Johannes' Liebe für Jesus war, die ihn zurückbrachte. Es war Jesu Liebe für Johannes. Selbst in seiner Schwachheit, seinem Versagen und seinen Ängsten konnte Johannes zum Fuß des Kreuzes zurückkehren, denn sein Denken war mehr von der Liebe eingenommen, die Jesus für ihn hatte, als von seiner eigenen (mangelnden) Liebe für Jesus.

Petrus war verschollen, denn er war ein Opfer der Verdammnis. Wenn wir nach dem Gesetz leben, sterben wir durch das Gesetz. Wenn unser kompletter Fokus darauf liegt, wie viel *wir* für Gott tun können, wie hingegeben an ihn *wir* sind und wie sehr *wir* ihn lieben – anstatt darauf, wie viel *er* für uns tut und wie sehr *er* uns liebt –, werden wir irgendwann abseits des Kreuzes sitzen und vor lauter Selbstmitleid zerfließen.

Treue, harte Arbeit und Hingabe sind toll – versteh mich nicht falsch –, aber wir sollen uns nicht auf uns selbst verlassen. Wir sollen uns nicht von unseren eigenen Anstrengungen und unserer Selbstdisziplin abhängig machen, um Jesus treu zu bleiben.

Es klingt so geistlich und so richtig, Gott hoch und heilig unsere Hingabe zu versprechen, aber unsere Versprechen werden uns nicht am Fuß des Kreuzes halten. Nur die Liebe kann das. Und wenn wir in der Liebe Gottes bleiben, werden wir unser Leben gut zu Ende bringen.

Johannes filterte alles durch die Liebe Gottes ihm gegenüber. Probleme konnten ihn nicht aufhalten. Gefahren konnten ihn nicht aufhalten. Verdammnis und Schuld konnten ihn nicht aufhalten. Er wurde von Jesus angezogen wie von einem Magnet, denn er hatte die Gewohnheit, sich von der Liebe leiten zu lassen.

Das Leben ist manchmal nicht einfach. Die Probleme, mit denen wir uns auseinandersetzen, sind real. Und die meisten von uns neigen dazu, aufzuspringen und die Sache in Angriff zu nehmen. Wir wollen Dinge lösen, Dinge verändern, Dinge verwirklichen. Aber manchmal vergessen wir, uns von Gottes Liebe leiten zu lassen.

Ich will ehrlich sein: meistens sehe ich weniger aus wie Johannes, sondern eher wie Petrus. Wenn alles gut läuft, kann ich mich gut an Jesus lehnen. Aber wenn schmerzvolle Nachrichten kommen, wenn es gefährlich wird, will ich von der Brust Jesu aufspringen und die Dinge selber regeln.

Es ist nicht falsch, alles in unserer Macht stehende zu tun, um die Dinge in die richtige Ordnung zu bringen. Ich bin kein Befürworter von Faulheit oder Verantwortungslosigkeit. Aber unser Leben muss mit einer Abhängigkeit von Gott beginnen und enden. Es muss in der Liebe, Gnade und Barmherzigkeit Gottes beginnen und enden. Alles andere wird aus dem herausfließen.

Gott liebt uns. Das ist keine Floskel. Das ist eine starke, unveränderliche Realität, auf die wir unser Leben bauen können.

Manchmal glauben wir, unsere Anstrengung, Arbeit und Fähigkeit, Gott nachzufolgen, wären am wichtigsten, um Erfolg zu haben. Und diese Dinge sind auch gut, aber sie reichen nicht aus, um uns durch das Chaos und den Irrsinn des Lebens zu tragen.

Doch die Liebe Gottes ist genug.

Wir werden es auf lange Sicht nur schaffen, wenn wir das tun, was widersprüchlich zu sein scheint: uns in die Liebe Jesu lehnen, bei ihm sitzen, uns auf ihn stützen und ihm vertrauen. Lass dich von der Liebe durchs Leben leiten, dann wirst du es gut zu Ende bringen.

4

Die Liebe gibt gerne

Mogel-Unterwäsche

Kürzlich habe ich die Wunderunterwäsche von Spanx kennengelernt. Richtig – Spanx, die figurformende Wäsche. Wenn dir meine Ehrlichkeit unangenehm ist, dann wird es jetzt noch schlimmer.

Ich trage Spanx. Aber lass es mich erklären. Ich bin dieser märchenhaften Unterwäsche auf sehr unschuldige Weise begegnet.

In manchen Bereichen bin ich ein wenig neurotisch. Was mich zum Beispiel wahnsinnig macht, ist das Gefühl, dass ich Männerbrüste habe – auch hier bin ich wieder ganz ehrlich. Ich jogge auf dem Laufband, ich mache Push-ups und ich versuche, fit zu bleiben, aber durch meine Männerbrüste sehe ich aus, als wäre ich nicht in Form. Alles, was ich will, ist eine flache, muskulöse Schwarzenegger-Brust. Ist das so schlimm?

Anscheinend hatte ich mich bei Chelsea öfter darüber beschwert, als mir bewusst war, also sagte sie eines Tages: »Du solltest mal dieses Unterhemd von Spanx probieren.«

Nun wusste ich nicht, dass die Anfänge der Firma Spanx darin bestanden, enge Unterhosen für Frauen herzustellen, die vortäuschen, die Kleidergröße wäre vier Nummern kleiner. Niemand hat mir das gesagt. Offenbar hab ich beim neusten Unterwäsche-Quiz nicht aufgepasst.

Ich bin pro Unterhemden und war das schon immer. Also sagte ich: »Klar, ich probiere es aus.« Ich habe dieses engere Unterhemd anprobiert und hatte sofort die flache Brust, die ich immer haben wollte. Das war unglaublich. Das war wie Weihnachten und Ostern zusammen.

Darum begann ich, allen von Spanx zu erzählen. »Hast du schon diese Unterhemden ausprobiert? Die sind unglaublich!«

Dann ging ich in dieses eine Kaufhaus, das ich so toll finde. Mein Freund ist dort Geschäftsführer, ich machte ihn ausfindig und sagte: »Hey Mann, ich brauch ein paar neue Spanx.«

Und er sagte: »Ssssspanx?«, senkte die Stimme, blickte sich um, als ob uns jemand hören könnte. »Äh, du trägst die?«

»Hä, du etwa nicht?«

Dann sprach ich mit einigen meiner Freunde und die so: »Alter, du kannst den Leuten doch nicht erzählen, dass du Spanx trägst.« Also nochmal: Entschuldigung – aber ich kannte mich in der Unterwäschewelt nicht aus und wusste nicht, dass man gebrandmarkt ist, wenn man eine bestimmte Marke trägt. Ich dachte, Unterwäsche ist gleich Unterwäsche.

Doch dann begegnete ich einem Angestellten in einem anderen Kaufhaus, der ein Spanx-Experte ist. Er war auf meiner Seite. Er sagte mir: »Natürlich findest du Spanx toll. Die Hemden fördern die richtige Körperhaltung. Sie halten deinen Bauch flach und sorgen für straffe Bauchmuskeln, und sie helfen dir, deine Bauchmuskeln zu trainieren, einfach indem du sie trägst. Und natürlich sind sie feuchtigkeitsabsorbierend.«

Der Typ sprach meine Sprache. Tolle Körperhaltung? Ja, danke! Feuchtigkeitsabsorbierend? Absolut! Meine Bauchmuskeln trainieren, ohne sie zu trainieren? Definitiv! Kann ich auch drei auf einmal tragen?

Mit der Zeit stellte ich allerdings fest, dass Spanx mir keinen guten Dienst erwies. Der Spanx-Experte hatte gesagt, die Hemden würden gute, gesunde Dinge wie eine bessere Körperhaltung und stärkere Bauchmuskeln fördern und das Schwitzen reduzieren. Und das wiederum würde eine positive Dynamik bewirken und ich hätte Lust, mehr zu trainieren. Unterbewusst verließ ich mich also auf Spanx, um mich – also mein Gewicht, schlechte Gewohnheiten und so weiter – zu reduzieren.

Aber Spanx log mich die ganze Zeit über an.

Es ist eine Sache, andere anzulügen, doch es ist etwas anderes, sich selbst anzulügen. Damit habe ich ein Problem. Ich schaute in den Spiegel, ohne daran zu denken, dass ich Spanx trug und sagte so. »Hallllooo, du gutaussehender Typ! Rate mal, wer heute Abend das essen wird, worauf er gerade Lust hat?«

Wenn ich dann aber das Spanx-Unterhemd auszog, dachte ich: »Diesen Mann kenne ich nicht!«

Ich verließ mich auf Spanx, um abzunehmen, doch irgendwie trat das genaue Gegenteil ein.

Eines Tages fragte ich Chelsea: »Schatz, wann während unserer Ehe war ich am besten in Form?« Wir waren schon vierzehn Jahre verheiratet und es war eine ehrliche Frage. Ich hoffte, sie würde sagen: »Jetzt gerade!«, aber das war nicht der Fall.

Sie sagte: »Vermutlich als du regelmäßig mit den *Perfect Pushups* trainiert hast.« Falls du nicht weißt, was *Perfect Pushups* sind: Das sind Rotationsgriffe, die man auf den Boden legt und an denen man sich festhält, während man Push-ups macht. Sie wurden von einem Navy-Seal entworfen, sie müssen also der Hammer sein.

Dann sagte Chelsea: »Weißt du, was interessant ist? Du hast aufgehört, sie zu benutzen, als wir Spanx entdeckt haben.«

Autsch.

Sentimentale Neujahrsideen

Vermutlich fragst du dich, was Spanx mit Liebe zu tun hat. Ich will dir den Zusammenhang erklären. Im achten Kapitel des Markusevangeliums sagte Jesus:

> *»Wenn jemand mir nachfolgen will«, sagte er, »muss er sich selbst verleugnen, sein Kreuz auf sich nehmen und mir nachfolgen. Denn wer versucht, sein Leben zu bewahren, wird es verlieren. Wer aber sein Leben um meinetwillen und um der guten Botschaft willen verliert, wird es retten. Was nützt es einem Menschen, wenn er die ganze Welt gewinnt, dabei aber seine Seele verliert? Gibt es etwas Wertvolleres als die Seele?« (Verse 34-37)*

Jesus lud die Menschen ein zu einem Leben im Überfluss – nicht nur, um zu existieren, sondern um ein Leben im Überfluss zu haben. Der einzige Haken ist, dass wir dieses Leben nur über den Tod erhalten. Das ist paradox. Jesus sagte, dass wir normalerweise genau umgekehrt über das Leben, über Zufriedenheit und Erfüllung denken.

Er sagte, dass selbstsüchtiges Leben sogar Tod hervorbringen wird. Es wird uns die Freude, die Erfüllung und das Leben nehmen. Doch wenn wir uns verleugnen, unser Kreuz auf uns nehmen und ihm nachfolgen, finden wir das Leben.

Viele von uns leben schon lange genug, um zu wissen, dass der Tag, an dem wir endlich unseren Traumjob bekommen, endlich unser Wunscheinkommen erzielen und endlich das Ansehen haben, nach dem wir uns gesehnt hatten, manchmal einer der leersten Tage unseres Lebens sein kann. Bis dahin war unsere Leere ja verständlich. »Ich fühle mich leer, weil ich nicht diesen Job, dieses Eckbüro, dieses sechsstellige Einkommen habe. Ich habe nicht den Ehemann (oder die Ehefrau oder die Kinder). Aber wenn ich erst einmal eine Familie, eine hochdotierte Karriere, den Vize-Vorsitz und Einfluss habe, dann werde ich mich nicht mehr so leer fühlen.«

Und dann kommt der Tag und wir bekommen das, was wir immer wollten, und es dämmert uns, dass es das nicht ist. Wir sind immer noch dieselben. Leer. Unerfüllt. Unzufrieden.

Jesus sagte, selbst wenn wir das bekommen, was wir wollen, wann wir es wollen und wie wir es wollen, verpassen wir das wahre Leben. Wir werden keine dauerhafte Erfüllung finden. Selbstsucht ist niemals der Weg zum Glück. Eigentlich ist sie sogar eine echte Hürde für das erfüllte Leben, das Gott uns durch Jesus anbietet.

Ich will damit nicht sagen, dass wir unsere Ziele, Wünsche und Sehnsüchte aus dem Blick verlieren sollten. Diese Dinge sind gut. Aber wir können unsere Hoffnung auf das Glück nicht von ihnen abhängig machen. Wenn die Dinge sich erfüllen, toll – aber wenn nicht, vertrauen wir Gott, dass er einen besseren Plan für uns hat. Und egal ob wir unsere Ziele erreichen oder nicht: Wir werden ununterbrochen von Gottes Liebe gehalten und sind fasziniert von seinem Plan, seinem Wesen und allem, was er für uns getan hat. Wir werden unsere Ziele, unseren Einfluss und unser Einkommen weit mehr genießen, wenn wir unsere Zufriedenheit und Erfüllung in der Liebe Jesu finden.

Wenn Selbstbezogenheit also Tod und Unzufriedenheit hervorbringt, was bringt dann Leben hervor? Die Antwort ist: echte, bedingungslose, opferbereite Liebe. Das ist es, was die obenstehende Bibelstelle beschreibt.

Achte mal darauf, warum wir gemäß der Stelle, die wir gerade gelesen haben, unser Leben verlieren: »um meinetwillen und um der guten Botschaft willen«. Jesus sagt, dass der wesentliche Beweggrund dafür, unser Leben zu verlieren, Liebe ist. Wir sehen Jesus an, wir sehen die Menschen an, die von seiner Liebe, seiner Güte, seiner Barmherzigkeit, seiner Geschichte und seiner Rettung erfahren müssen; und wir sind von innen heraus motiviert, unser Leben zu geben. Wir verlieren unser selbstbezogenes Leben und finden wahres Leben in ihm.

Liebe ist das Gegenteil von Selbstbezogenheit. Liebe gibt; Selbstbezogenheit nimmt. Liebe denkt an andere; Selbstbezogenheit denkt an sich selbst.

Das Problem ist, dass wir als Menschen von Natur aus nicht liebevoll, großzügig und freigiebig sind. Wir sind egoistisch. Nimm das nicht persönlich; das liegt in der menschlichen Natur. Wir neigen dazu, selbstbezogen und egozentrisch zu sein. So wurden wir geboren. Wir müssen erst lernen zu lieben, zu geben und zu dienen.

Hier greift der Spanx-Effekt.

Wenn wir Stellen wie diese lesen, belügen wir uns oft ungewollt selbst. Wir denken: *Okay, hier steht, ich soll mich selbst verleugnen. Wenn ich Jesus nachfolgen und dieses Leben finden will, von dem er spricht, dann muss ich mich selbst verleugnen. Ich muss mein Kreuz aufnehmen. Ich muss mich selbst und alles, was ich brauche und will, vergessen und muss mich dazu zwingen, Gott und die Menschen zu lieben.*

Das klingt toll, oder? Und so geistlich. Aber wenn ich versuche, mich aus mir selbst heraus zu verleugnen, konzentriere ich mich mehr denn je auf mein *Selbst.* Das eigene Ich zu betonen ist von Natur aus kontraproduktiv. Das eigene Ich ist das Problem und nicht die Lösung.

Die Antwort auf ein selbstloses, opferbereites, liebevolles, großzügiges Leben ist nicht, dass wir die Zähne zusammenbeißen und uns dazu bringen, mehr zu lieben. Diese Art von eigener Anstrengung ist zum Scheitern verurteilt. Das ist, als würde man Spanx tragen: Ich erwarte, dass ich abnehme, aber am Ende nehme ich zu.

Unsere geistlich klingenden Versprechungen ähneln unseren guten Vorsätzen zum neuen Jahr. Hast du so was auch schon mal gemacht? Und noch besser, hast du je einen dieser Vorsätze länger gehalten als, sagen wir mal, eine Woche?

Wem wollen wir eigentlich etwas vormachen? Das sind keine Vorsätze. Das sind sentimentale Ideen. Gib ihnen achtundvierzig Stunden. So um den 3. Januar herum ertappen wir uns dabei, wie wir murmeln: »Äh, vergiss es. Ich hab es eigentlich gar nicht so gemeint.«

Es gibt natürlich auch Menschen, die von dieser »Norm« abweichen, und wenn du dazu gehörst, dann ziehe ich den Hut vor dir. Du bist auf diesem Planeten ein rares Fundstück. Du bist diszipliniert, motiviert und tust, was du sagst.

Der Rest von uns ist allerdings ziemlich »normal«. Und wir tun typischerweise nicht, was wir sagen, vor allem nicht, wenn wir es am 31. Dezember gegen Mitternacht sagen. »Dieses Jahr werde ich mehr auf meine Ernährung achten. Ich werde mehr Sport treiben. Anstatt Spanx zu tragen, werde ich dieses Jahr Push-ups machen.

Na, dann viel Glück! Das ist reine Selbstdisziplin. Das ist bloße Willensstärke.

Wir können die Lehren Jesu nicht auf einen Neujahrsvorsatz reduzieren. Unser Wunsch, großzügig zu lieben und ein gutes Leben zu führen, ist lobenswert. Doch wenn er auf reiner Willenskraft beruht, wird er langfristig nicht funktionieren. Veränderung aus uns selbst heraus ist selten nachhaltig oder tiefgreifend und hat keine Kraft, Zufriedenheit oder Erfüllung in unserem Leben hervorzubringen.

Es geht nicht um dich

Es geht in diesem Abschnitt nicht darum, sich noch mehr anzustrengen. Es geht darum, unseren Fokus zu verändern.

Wenn wir uns wirklich selbst verleugnen, andere lieben, großzügig sein und zuerst an andere denken wollen, dann müssen wir von jemand anderem eingenommen sein als von uns selbst. Achte auf die Wortwahl der Einladung Jesu. Er sagte: »Wenn jemand *mir* nachfolgen will, muss er sich selbst verleugnen, sein Kreuz aufnehmen und *mir* nachfolgen.« Das »sich selbst verleugnen« ist eingerahmt von dem Wort *mir*. Es ist umrahmt von einem Fokus auf Jesus.

Mit anderen Worten: Wenn wir an Jesus interessiert sind, wenn wir ihn lieben wollen und andere so lieben wollen wie er, wenn wir das überfließende Leben haben wollen, das in ihm zu finden ist, dann müssen wir aufhören, an uns selbst zu denken. Wir müssen uns auf ihn und seine Liebe für uns konzentrieren.

Jesus sagte, wir würden am Ende unser Leben verlieren, wenn wir versuchen, unser Leben für uns selbst zu horten. Das ist, als würde man versuchen, die Luft festzuhalten. Wir strengen uns an, Zeugs, Glück und Zufriedenheit zu erlangen, aber ironischerweise verlieren wir umso mehr von unserer Zufriedenheit, Erfüllung und unserem Lebenssinn, wenn wir uns auf uns selbst konzentrieren.

Doch wenn wir anfangen, uns mit Jesus zu beschäftigen, uns von ihm einnehmen zu lassen und von ihm fasziniert zu sein, vergessen wir, was wir wollen, wann wir es wollen und wie wir glauben, es bekommen zu können. Wir verlieren unser Leben, aber eigentlich finden wir es. Wir entdecken die Erfüllung, nach der wir uns sehnen, wenn wir mit dem Versuch aufhören, sie in uns selbst und auf unsere eigene Weise zu finden.

Mit welcher Motivation geben wir unser Leben auf? Um Gott und die Menschen zu lieben? Weil Selbstverleugnung edel und bewundernswert ist und wir alle diszipliniert sein sollten?

Falsch. Das wird nicht funktionieren.

Wir verlieren unser Leben, weil wir uns selbst vergessen, wenn wir uns an die Liebe Jesu erinnern und in ihr schwelgen – darin, wer er ist und was er für uns getan hat. Wir verlieren unsere Bedürfnisse und unser Drängen, unsere Wünsche und unser Verlangen aus dem Blick. Wir verlieren uns aus dem Blick und verlieben uns in ihn. Wir lassen uns von seiner Geschichte begeistern, denn jetzt ist seine Geschichte unsere Geschichte. Und bevor wir es überhaupt begreifen, leben wir schon zufrieden und erfüllt.

Kohlenhydrate und Gemeinschaft

In der Apostelgeschichte gibt uns die Bibel eine Beschreibung der allerersten Gemeinde. Das war die Urgemeinde der Nachfolger Jesu, die zusammen anfingen, Gottesdienst zu feiern. An ihrem Lebensstil können wir erkennen, dass sie der Einladung Jesu gefolgt waren. Sie führten ein Leben voll außergewöhnlicher Zufriedenheit, die darauf beruhte, dass sie sich selbst verleugneten und sich auf Jesus konzentrierten. Und als Folge davon gehörten sie zu den liebevollsten und großzügigsten Menschen, die du dir vorstellen kannst.

Zu dem Zeitpunkt, an dem wir die Geschichte aufnehmen, umfasste die Gemeinde mehrere Tausend Menschen, wahrscheinlich so um die sechstausend, und die Gemeinschaft wuchs jeden Tag.

In Kapitel 2, Vers 42 (SLT) steht: »Und sie blieben beständig in der Lehre der Apostel und in der Gemeinschaft und im Brotbrechen und in den Gebeten.« Mit Lehre ist gemeint, dass die Jünger den Menschen die Lehren Jesu weitergaben. Gemeinschaft bedeutet, dass sie alle miteinander Zeit verbrachten, sich aneinander freuten und Kontakte knüpften. Und sie aßen Kohlenhydrate. Ich liebe diese Gemeinde!

Über Jesus reden, mit Freunden zusammen sein, Kohlenhydrate essen und beten. Wer will das nicht?

Es geht weiter. Vers 43 spricht davon, dass Ehrfurcht über alle Menschen kam. Mit anderen Worten, die Menschen spürten, dass Gott ehrfurchtgebietend und beeindruckend ist und dass er unter ihnen war. Das heißt, Tausende von Menschen hatten ein tiefgreifendes Bewusstsein für die Gegenwart und Realität Gottes und seine unglaubliche Güte. Das war keine Tradition, Gewohnheit oder Religion. Das war Gott. Das war real.

Die nächsten beiden Verse sind verblüffend: »Alle, die ›an Jesus‹ glaubten, hielten fest zusammen und teilten alles miteinander, was sie besaßen. Sie verkauften sogar Grundstücke und sonstigen Besitz und verteilten den Erlös entsprechend den jeweiligen Bedürfnissen an alle, die in Not waren« (Apg 2,44-45 NGÜ).

Man sieht nicht, dass Petrus oder einer der anderen Leiter diesen frischgebackenen Nachfolgern Jesu sagt, sie sollen ihre Dinge verkaufen. Petrus stand nicht auf und sagte: »Mal ehrlich, Leute, diese exotischen Autos sind zu luxuriös. Das ist zu viel. Verkauft sie und kauft euch lieber einen Toyota Prius.«

Nichts von alledem. Es war alles spontan. Tausende von Menschen bekamen geschlossen das Gefühl, sie sollten sich umeinander kümmern. »Ich verkaufe dies. Ich verkaufe das. Ich verkaufe das Grundstück, auf das ich mein Traumhaus bauen wollte. Gott wird für mich sorgen. Wir müssen darauf achten, dass für jeden gesorgt wird.«

Was geschah hier? Sie verleugneten sich selbst.

Warum? Weil Petrus sechs Wochen lang über Selbstverleugnung gepredigt hatte und jetzt jeder begeistert davon war?

Nee. Es war ganz einfach so, dass jeder ein echtes Bewusstsein für Jesus hatte. Manche von diesen Menschen hatten ihn gesehen, waren mit ihm unterwegs gewesen, hatten mit ihm zusammen gelebt. Für sie war Jesus real und seine Realität hatte ihren Weg in die Herzen und Seelen von sechstausend Menschen gefunden. Sie hatten so ein Bewusstsein für Jesus und seine Majestät und Schönheit, dass sie spontan und im Handumdrehen ihren Besitz weggaben.

In Vers 46 wird erwähnt, dass sie sogar noch mehr Kohlenhydrate zu sich nahmen. Ich sagte ja schon, ich liebe diese Gemeinde. Manche von uns hätten weniger schlechte Laune und wären mehr wie Jesus, wenn wir mehr Kohlenhydrate zu uns nehmen würden. (Okay, ich weiß, das stimmt nicht ganz, aber bei mir ist es so.)

Und dann steht in Vers 46 auch, dass es bei ihnen fröhlich zuging und sie großzügig teilten. Diese Menschen muss man mögen. Sie waren glücklich. Sie lachten. Sie erzählten sich Witze. Während alle anderen im Straßenverkehr aggressiv wurden, hüpften sie die Straße entlang, pfiffen und machten Seifenblasen.

Sie waren nicht deswegen glücklich, weil die Regierung so toll oder die Wirtschaft so stark war. Historisch gesehen lebten sie in unsicheren Zeiten, vor allem als Christen. Und trotzdem finden wir Tausende von Menschen, die anscheinend gesund, zufrieden und begeistert vom Leben waren, glücklich, sich treffen zu können, und motiviert, sich umeinander zu kümmern.

Sie verleugneten sich selbst und alle waren erfüllter und zufriedener denn je.

Der nächste Vers gefällt mir. Dort steht, dass sie alle Gott lobten. Sie beschäftigten sich mit Gott. Ihr Fokus lag darauf, von Gott geliebt zu werden und Gott zu lieben. Und als natürliche Folge davon liebten sie einander mit echter, authentischer Liebe.

Ich weiß nicht, wie das bei dir ist, aber ich will das für mein Leben. Ich möchte so von der Liebe Gottes vereinnahmt sein, dass ich aufhöre, über mich selbst nachzudenken. Und ich möchte von einer Gemeinschaft von Menschen umgeben sein, die denselben Fokus hat, einer Gemeinschaft, die sich gegenseitig in Liebe erbaut.

Vergebung für deine Mörder

Einer der Leiter dieser ersten Gemeinde war ein Typ namens Stephanus. Seine Geschichte steht in Apostelgeschichte, Kapitel 7. Stephanus war eigentlich mehr so ein Verwaltungstyp. Er hatte die Aufgabe erhalten, bei der Essensausgabe für Bedürftige mitzuhelfen. Wahrscheinlich hatte er viel Ahnung von Zahlen und Dienstplänen – im Grunde genommen von allem, wovon ich keine habe.

Stephanus liebte Jesus ebenfalls. Jesus hatte sein Leben verändert und er war der Mittelpunkt seines Daseins. Als Folge davon konnte Stephanus nicht anders, als den Menschen die gute Nachricht von Jesus zu erzählen. Er konnte nicht anders, als in Liebe zu leben.

Als sich diese Geschichte zutrug, gab es eine enorme Christenverfolgung. Der Glaube oder die Lehre, dass Jesus Gott war, galt als Gotteslästerung und war mit dem Tod zu bestrafen.

Eines Tages hatten die falschen Leute gehört, wie Stephanus über Jesus sprach. Sie brachten ihn wegen Gotteslästerung vor Gericht. Dann bildete sich eine aufgebrachte Menge und sie begannen, ihn zu Tode zu steinigen.

Stephanus starb, weil ihn ein harter Stein nach dem anderen traf. Ich kann mir die Todesqualen oder das Gefühl des Verrats und der Gewalt nicht vorstellen. Seine eigenen Landsleute brachten ihn um und sein einziges Verbrechen war, dass er Jesus liebte und diese Liebe anderen weitergab.

Kurz vor seinem Tod sprach Stephanus seine letzten Worte: »Herr, rechne ihnen diese Sünde nicht an!« (Vers 60). Und damit starb er.

Das klingt genau wie Jesus. Eines der letzten Dinge, die Jesus sagte, als er am Kreuz starb, war: »Vater, vergib diesen Menschen, denn sie wissen nicht, was sie tun« (Lukas 23,34).

Ich dachte immer: *Nun, das ist es, was ihn zu Gott macht, denn das würde ich nicht sagen! Ich würde nicht sagen: »Vater vergib ihnen.« Ich würde sagen: »Vater, nimm sie dir vor. Aber so richtig. Und lass mich dabei zusehen!«*

Stephanus war ein Mitglied der Gemeinschaft, das für administrative Aufgaben zuständig war. Aber er war Jesus ziemlich ähnlich, oder nicht? Für diesen jungen Mann war Jesus real. Stephanus war so von der Realität Jesu und seiner Liebe für eine verletzte Menschheit eingenommen, dass er mit seinem letzten Atemzug noch für genau die Menschen betete, die ihn hinrichteten.

Wenn ich die Geschichte lese, will ich diese Szene am liebsten rausschneiden und sie nochmal aufnehmen. Ich will aber einen neuen Text schreiben, weil das einfach nicht richtig ist. Das lässt uns Normalos echt schlecht aussehen.

Wenn ich auf der Sonderfahrspur für Fahrgemeinschaften jemanden allein in seinem Auto sitzen sehe, bin ich derjenige, der die Hotline anrufen und den Typen verpfeifen will. Warum? Weil ich Gerechtigkeit liebe.

Wenn Weihnachten ist und ich in einer langen Schlange bei Toys“R“Us anstehe, will ich den Typ rausziehen, der sich vordrängelt. »Entschuldigen Sie – ja, Sie –, wir waren zuerst hier. Wir müssen alle anstehen. Was ist Ihr Problem? Hallo – dieser Typ hier versucht sich vorzudrängeln. Geschäftsführer, dieser Typ ist ein Drängler.«

Was für ein Typ ist dieser Stephanus? Er hat sich selbst vergessen. Ich will die Geschichte anhalten und sagen: »Stephanus, Stephanus, warte mal! Das sind die Kerle, die dich umbringen. Denk nochmal drüber nach. Wir werden den Text neu schreiben. Deine letzten Worte werden in etwa so lauten: ›Gott, sende jetzt deine Kriegsengel und lass sie mit flammenden Schwertern diesen schrecklichen Menschen die Köpfe abhauen, und lass ihre Köpfe rollen wie die Steine, die sie werfen.‹«

Oder? Das klingt doch ziemlich poetisch. Ich find’s gut.

Aber Stephanus hätte es auch dann nicht so gesagt, wenn ich ihm den Text gegeben hätte. Mit seinem letzten schmerzhaften Atemzug sagte er, ähnlich wie Jesus: »Gott, ich werde dich gleich sehen. Aber ich habe ein letztes Gebet auf diesem Planeten: Ich bete für die Menschen, die mich umbringen. Vergib ihnen bitte. Rechne es ihnen nicht an!«

Was ging im Herzen dieses Mannes vor? Es war die Macht der Liebe. Ich bin davon so weit entfernt. Aber wenn Gott das in Stephanus bewirken kann, kann er es auch in mir tun.

Es ist eine Sache, über dich selbst hinauszuwachsen und für andere zu leben, die dir Gutes getan haben. Aber Stephanus war so von Jesus und seiner Liebe für Menschen eingenommen, dass er inmitten dieser großen Ungerechtigkeit für die betete, die ihn hassten.

Ich will so sehr über mich selbst hinauswachsen, dass ich an das Wohlergehen der Menschen denke, die mich verletzen. Ich will, dass Jesus real für mich ist. Ich will so von ihm gepackt und in ihn verliebt sein, dass ich mich selbst verliere und sein überfließendes Leben finde.

Also wollen wir die Augen von uns selbst weglenken und den Fokus auf Gott richten, der uns liebt, für uns und bei uns ist. Lasst uns an die verwundete Menschheit denken, die uns umgibt. Und so wie die erste Gemeinde werden auch wir Fröhlichkeit, Großzügigkeit, Zufriedenheit und Freude erleben.

LEBEN IST, Gott in jedem Moment zu vertrauen.

Oft können wir das, was direkt vor uns liegt, nicht genießen. Wir haben Mühe damit, im Jetzt zu leben, die Gegenwart zu schätzen, zu entspannen und uns an all den guten Dingen in unserem Leben zu freuen.

Meiner Erfahrung nach ist diese Mühe normalerweise nicht durch aktuelle Probleme bedingt, obwohl sie natürlich schon eine Rolle spielen können. Der Grund für unsere Ängste und Befürchtungen liegt vor allem darin, dass wir nicht wissen, was uns morgen erwartet.

Wir denken: *Klar, das Leben ist gerade ziemlich gut. Aber woher will ich wissen, dass es auch so bleibt? Was wartet hinter der nächsten Ecke auf mich? Was kommt nach dem nächsten Berg? Vielleicht sind die schlechten Nachrichten schon auf dem Weg zu mir.*

Wir haben keine Garantie für Morgen, darum sind wir heute besorgt und unruhig. Die Angst vor der Zukunft macht es uns schwer, mit dem Leben in der Gegenwart zufrieden zu sein.

Aber haben wir eine Wahl? Können wir uns in einer unsicheren Welt überhaupt jemals entspannen? Ist es nicht verantwortungsbewusster, wachsam, angespannt und zum Handeln bereit zu sein? Verantwortungsbewusst zu sein ist eine gute und noble Sache, doch egal, wie gut wir darin sind, wir können das Leben damit trotzdem nicht kontrollieren. Das gibt uns keine Garantie für Sicherheit, Gelassenheit und Erfolg.

Jesus macht uns für unser Leben ein besseres Angebot. Er verspricht nicht, dass wir ohne Probleme oder Leid leben werden – er gibt uns etwas viel Besseres. Er zeigt uns, wie wir Gott in jedem Moment vertrauen können. Und in diesem Vertrauen finden wir wahres Leben.

5

Gestern, heute und in alle Ewigkeit

Die Kirschen in Nachbars Garten

Ich habe die ungesunde Angewohnheit, zu oft auf mein Handy zu schauen. Eigentlich ist es lächerlich. Manchmal ertappe ich mich dabei, wie ich nach fünf Sekunden schon wieder darauf schaue, vielleicht weil mir in der Zeit, die ich brauchte, um es in meine Tasche zu stecken, ja jemand eine SMS oder eine E-Mail geschrieben oder mich irgendwo markiert haben könnte.

Und dann bin ich, bevor ich darüber nachdenke, auf Instagram und schaue mir Fotos von Menschen an, die ich noch nicht einmal kenne. Ich schaue mir an, was sie gefrühstückt haben oder sehe mir Fotos von ihrem neuen Hundebaby an. Und wenn ich nicht auf Instagram bin, dann geh ich schnell mal rüber zu Twitter und fange an, plakative und geheimnisvolle Statements von Menschen zu lesen, denen ich nie begegnen werde.

Ich kann mit meiner Frau, der Frau meiner Träume, ausgehen und mit ihr in einem fantastischen Lokal ein Feinschmeckermenü essen gehen (das wir, zufällig, mit einer App fürs Smartphone gefunden haben), doch ich werde abgelenkt von Max Mustermann und der Tatsache, dass er gerade ein Rührei mit Mozzarella isst. Was ist los mit mir? Warum bin ich so süchtig danach, indirekt am Leben anderer teilzunehmen, anstatt die Menschen, mit denen ich gerade zusammen bin, den Ort, an dem ich mich gerade befinde, und das, was ich gerade tue, zu genießen?

Ich weiß, dass ich damit nicht alleine bin. Dieses Phänomen sieht man überall: zwei, drei, vier Menschen sitzen zusammen, aber sie haben ihre Nasen in ihre Mobiltelefone gesteckt. Sie sind umgeben von echten, lebendigen, sprechenden Menschen, aber sie sind vertieft in digitale Persönlichkeiten und Erfahrungen.

Und das Bild, das wir online abgeben, ist noch nicht einmal echt oder vollständig. Über die sozialen Medien agieren wir als Werbegestalter unseres eigenen Lebens. Kürzlich war ich in einem tollen Hotel in der Nähe vom Meer, doch das Hotel vor uns behinderte größtenteils die Aussicht. Ich ertappte mich dabei, wie ich mich so weit wie möglich aus dem Fenster streckte – und derartige Verrenkungen machte, auf die ein Kunstturner stolz gewesen wäre –, nur um ein Bild zu schießen, das ich einem Freund per SMS schicken konnte: »Schau mal, wo wir sind!«

»Wow, tolle Aussicht!«

Aber es entsprach nicht einmal der Wirklichkeit. Nur mein Handy konnte diese Aussicht genießen. Wie viel von dem, worauf ich in meinen Feeds starre, ist nur eine inszenierte, zugeschnittene und gefilterte Fassung des Lebens einer anderen Person?

Es liegt in der menschlichen Natur, dass wir irgendwo sein wollen, wo wir nicht sind. Diese Neigung wurde nicht erst von Smartphones und sozialen Medien erfunden. »Die Kirschen in Nachbars Garten schmecken immer ein bisschen süßer.« Das könnte das Motto der Menschheit sein. Während wir in unserem Garten unter unseren eigenen prall behangenen Kirschbäumen sitzen, fragen wir uns: *Schmecken die Kirschen meines Nachbarn nicht doch ein bisschen süßer? Was ist, wenn er blaue Kirschen hat? Vielleicht ist Blau das neue Rot? Wow! Hätte ich doch nur blaue oder lila Kirschen. Ich hab nur diese langweiligen roten Kirschen. Mein Leben ist echt miserabel.*

Die Werbung nutzt das natürlich aus. Sie zeigt uns Bilder von sonnengetränkten tropischen Gegenden und behauptet, auch du könntest für wenig Geld zwei Wochen an diesem herrlichen Ort verbringen.

Also ertragen wir sechs Monate Nieselregen, Kälte und harte Arbeit, um uns diese sensationelle Vorstellung zu verdienen, die man uns angepriesen hat. Dann kommen wir dort an und das erste, wonach wir suchen, ist ein WLAN-Signal, damit wir sehen können, was zuhause gerade los ist. Da sind wir nun in Maui und fragen uns, was gerade zu Hause in Minnesota los ist. Minnesota? Ernsthaft? Ich habe nichts gegen Minnesota, aber wenn ich in Maui bin, dann will ich auch Maui genießen. Minnesota wird schon ohne mich auskommen.

Wir betrachten die Zeit oft mit derselben »Die Kirschen in Nachbars Garten«-Mentalität. Je älter wir zum Beispiel werden, umso mehr neigen wir dazu, die »gute alte Zeit« heraufzubeschwören.

Erinnerst du dich noch an die gute alte Zeit? Das waren noch Zeiten! Keine Handys. Kein Twitter, Facebook oder E-Mail. Das waren einfache Zeiten damals, als die Telefone noch an der Wand hingen und man sich nur auf die Person konzentrierte, mit der man gerade zusammen war.

Zu deiner Information, diese Zeiten waren nicht einfacher. Sie waren stressig, denn nie konnte man irgendjemanden erreichen. Machen wir uns doch nichts vor: die menschliche Natur hat sich nicht geändert. Sie sieht nur anders aus.

Das Witzige an Erinnerungen ist, dass sie irgendwie größer scheinen als sie eigentlich waren. Es ist wie wenn man einen Instagram-Filter über ein mittelmäßiges Bild legt – und plötzlich sieht es klassisch, nostalgisch und toll aus. Unterbewusst blenden wir die Dinge aus, die uns nicht gefallen, und erinnern uns nur an die rosigen Abschnitte.

Oder, anstatt um die gute alte Zeit dreht sich alles nur um »irgendwann«. Du bist Single und denkst ständig: *Jetzt gerade bin ich Single, einsam und total genervt, aber irgendwann werde ich heiraten und dann wird es toll. Gott, bitte mach, dass »irgendwann« bald ist.*

Dann kommt der Tag: Du heiratest, es macht Spaß und sich nah zu sein ist super. Aber jetzt hast du einen echten Job, Verantwortung und Termine. Du musst dich mit einem anderen menschlichen Wesen abstimmen, kommunizieren und zu einer bestimmten Zeit zuhause sein. Und manchmal siehst du deine alten Freunde, die noch Singles sind, und denkst: *Ach, die guten alten Zeiten, als ich noch frei war wie ein Vogel. Ich bin zwar allein ins Kino gegangen, aber ich war frei.*

Das ist die menschliche Natur. Wir sind Experten darin, die guten alten Zeiten zu vermissen und uns nach dem zu sehnen, was irgendwann sein wird. Aber in diesem ganzen Prozess unterschätzen wir oft die Bedeutung der Gegenwart.

Viel von der Erfüllung und Zufriedenheit im Leben kommt von der einfachen, unterbewerteten Fähigkeit, im Augenblick zu leben, den Augenblick zu genießen und bewusst zu erleben. Wir leben unser Leben am besten, wenn wir weder bereuen, was in der Vergangenheit war, noch fürchten, was die Zukunft bringt.

Versteh mich bitte nicht falsch – wir sollten von der Vergangenheit lernen und uns auf die Zukunft vorbereiten. Ich habe ein ganzes Kapitel darüber geschrieben, dass wir mit dem Ziel vor Augen beginnen sollten (Kapitel 3). Ich befürworte es sehr, bedacht und weise zu leben.

Aber weise zu leben bedeutet nicht, die Gegenwart zu ignorieren. Das Leben besteht nicht daraus, was hätte passieren sollen, was hätte passieren können oder was hoffentlich passieren wird. Leben ist das, was *jetzt gerade passiert.* Die Vergangenheit beeinflusst und prägt die Gegenwart und die Zukunft hilft uns zu entscheiden, wie wir in der Gegenwart leben sollen, aber der einzige Augenblick, in dem wir wirklich leben, ist *dieser* Augenblick.

In der Theorie klingt das toll. Aber wie bleiben wir in der Gegenwart standfest angesichts einer unsicheren, unbeständigen Welt, die uns mehr an Bösem und Tragödien austeilt, als wir gebrauchen können?

Die Bibel sagt uns in Hebräer, Kapitel 13, Vers 8: »Jesus Christus ist gestern, heute und in Ewigkeit derselbe.« Diese einfache Aussage verändert, wie ich mein Leben sehe. Jesus verändert sich nicht.

Wir sind noch unfertig. Wir machen Fehler, wir lernen, wir verändern uns, wir wachsen, wir strengen uns weiterhin an. Nicht aber Gott.

Gott ist vollkommen und fantastisch und wunderbar und gerecht. Das war er immer und wird er immer sein. Gottes Beständigkeit festigt unser unbeständiges Leben. Die Tatsache, dass er derselbe ist, gestern, gerade jetzt und für den Rest der Zeit, bedeutet, dass wir ihm in diesem Moment und in jedem anderen Moment vertrauen können.

Das reizvolle Irgendwann

Schon als Jesus auf der Erde lebte, war dieser Fokus auf »die gute alte Zeit« bzw. »irgendwann« stark verbreitet. Wie ich schon sagte, das liegt in der menschlichen Natur.

Im elften Kapitel von Johannes lesen wir von einem Mann mit dem Namen Lazarus, der sehr krank wird. Lazarus und seine zwei Schwestern Maria und Marta gehören zu den besten Freunden von Jesus. Darum schicken Maria und Marta nach Jesus in der Hoffnung, er würde ihren Bruder heilen.

Als Jesus jedoch davon hörte, sagte er: »Lazarus' Krankheit wird nicht zum Tode führen; sie dient vielmehr der Verherrlichung Gottes. Der Sohn Gottes wird durch sie verherrlicht werden.« Jesus hatte Marta, Maria und Lazarus lieb. Als er von seiner Krankheit erfahren hatte, blieb er noch zwei Tage, wo er war. (Verse 4-6)

Warte mal. Irgendwas ergibt hier doch keinen Sinn. Jesus hört von der Krankheit und weiß, dass Gott Lazarus heilen will. Also tut er nichts? Er bleibt einfach noch ein paar Tage länger, wo er ist?

Die Situation wird immer schlimmer. Schließlich stirbt Lazarus. Und als Jesus endlich in der Stadt von Maria und Marta auftaucht, ist Lazarus schon seit vier Tagen tot.

Als Marta erfuhr, dass Jesus auf dem Weg zu ihnen war, eilte sie ihm entgegen. Maria aber blieb im Haus. Marta sagte zu Jesus: »Herr, wärst du hier gewesen, wäre mein Bruder nicht gestorben. Aber auch so weiß ich, Gott wird dir alles geben, was auch immer du ihn bittest.« Jesus sagte zu ihr: »Dein Bruder wird auferstehen.« »Ja«, erwiderte Marta, »am Tag der Auferstehung, wenn alle Menschen auferstehen.« Jesus sagte zu ihr: »Ich bin die Auferstehung und das Leben. Wer an mich glaubt, wird leben, auch wenn er stirbt. Er wird ewig leben, weil er an mich geglaubt hat, und niemals sterben. Glaubst du das, Marta?« »Ja, Herr«, antwortete sie. »Ich habe immer geglaubt, dass du der Christus bist, der Sohn Gottes, der in die Welt kommen soll.« (Verse 20-27)

Jesus taucht auf und Marta reagiert, wie die meisten von uns reagieren würden. Sie schaut zurück. Sie schaut auf das, was hätte passieren können, was hätte passieren sollen, was sie erwartet hätte. »Herr, wärst du hier gewesen, wäre mein Bruder nicht gestorben.«

Jesus antwortet: »Dein Bruder wird auferstehen.«

Jetzt springt Marta an das andere Ende des Spektrums: »Ich weiß, dass er eines Tages auferstehen wird.« In nur einem Augenblick wendet sich ihr Blick von der Vergangenheit in die Zukunft. Irgendwann wird ihr Bruder wieder leben. Irgendwann werden sich ihre Träume erfüllen. Irgendwann wird alles besser werden.

Doch sie meidet die Gegenwart. Es ist zu schmerzhaft. Es ist so schwer zu glauben, dass ihre Umstände sich gerade jetzt ändern können. Heute. In einem Augenblick.

Ihr Glaube an die Zukunft ist bewundernswert, aber Jesus will, dass sie etwas versteht. Er ist nicht nur der Gott der Vergangenheit oder der Zukunft. Er ist der Gott der Gegenwart. Er hat nicht nur Mitleid mit ihrem Schmerz; er will gerade jetzt das tun, was sie sich scheinbar nicht erlaubt zu hoffen.

Wir neigen dazu, dasselbe zu tun. Wir wünschten, Gott hätte in der Vergangenheit anders gehandelt, oder wir hoffen, er wird eines Tages in der Zukunft die Dinge lösen. Aber oft will Gott gerade jetzt etwas Erstaunliches, Großartiges und Wunderbares tun.

Er ist der Gott unserer aktuellen Umstände. Er weiß, was wir durchmachen, und er wusste, was wir durchmachen würden, lange bevor wir es erlebten. Darum können wir diesen Tag annehmen und Gott in jedem Moment vertrauen.

Klar, *irgendwann* – das ist verlockend. Es ist verführerisch. Es ist voller Potential. Alles könnte irgendwann passieren. Aber jetzt gerade ist alles so … alltäglich.

Wir denken: *Irgendwann, im Himmel, werde ich glücklich sein. Aber jetzt gerade sind die Umstände eindeutig nicht förderlich für ein Wunder. Jetzt gerade ist mein Leben ein ziemliches Chaos. Ich schätze mal, ich muss durchhalten, bis ich im Himmel bin.*

Wir wissen, dass der Himmel real ist und dass Gott eines Tages alles wieder in Ordnung bringen wird. Wir wissen, dass Glauben manchmal bedeutet, einfach durchzuhalten. Aber nur weil Gott dem Tod, der Sünde und dem Leid irgendwann endgültig ein Ende setzen wird, heißt das nicht, dass das Leben jetzt gerade miserabel sein muss.

Ich bin

Jesus sagte zu Marta: »Ich bin die Auferstehung und das Leben.« Ich will mir den Ausdruck *Ich bin* genauer ansehen. Es ist nicht das erste Mal, dass Jesus so etwas gesagt hat.

In Johannes 8 hatte Jesus gerade eine hitzige Auseinandersetzung mit den religiösen Lehrern jener Zeit und er behielt natürlich die Oberhand. Ihnen gefiel die Tatsache nicht, dass Jesus sich so sehr wie ein göttlicher Retter benahm und redete, darum fragten sie am Ende verärgert: »Glaubst du wirklich, dass du besser bist als unser Vater Abraham?«

Jesus antwortete: »Ehe Abraham war, bin ich!«

An diesem Punkt in der Erzählung wollen überall alle, die Sprachwissenschaften studiert haben, eine grammatikalische Auszeit fordern. »Nein, nein, Herr. Grammatikalisch gesehen ist das falsch. Das ist verwirrend. Ich glaube, du wolltest sagen: ›Ehe Abraham war, *war* ich.‹ *War* und *bin* passen nicht zusammen. Entweder bist du oder warst du. Wovon redest du?«

Wissenschaften waren noch nie meine Stärke. Aber ich glaube, wenn ein unendlicher, unfehlbarer Gott beschließt, sich grammatikalisch falsch auszudrücken, will er damit wahrscheinlich etwas Bestimmtes sagen. Grammatikpolizisten, haltet euch zurück.

Auch wenn es grammatikalisch seltsam klingt, ist es dennoch die einzige korrekte Art und Weise auszudrücken, dass Gott zeit- und grenzenlos verfügbar und genug ist. Gott *ist* einfach. Er ist in der Gegenwart, er ist in der Vergangenheit und er ist in der Zukunft. Er existiert immer in der Gegenwart, denn er befindet sich außerhalb von Raum und Zeit. Egal auf welchen Teil des Zeitstrahls der Menschheitsgeschichte du schaust, Gott ist immer gegenwärtig und aktiv. Er ist nicht nur eine Erinnerung aus der Vergangenheit oder eine Verheißung für die Zukunft: er ist der gegenwärtige Echtzeit-Gott.

Jesus zitierte eigentlich eine der großartigsten Geschichten in der Bibel. Sie steht im zweiten Buch Mose, Kapitel 3. Es ist die Geschichte von einem Mann namens Mose, der Israel ungefähr 1500 Jahre vorher aus der Sklaverei in Ägypten befreit hatte. Mose war ein Israelit, der im ägyptischen Palast aufwuchs, doch ins Exil in die Wüste floh, nachdem er einen ägyptischen Aufseher umgebracht hatte, der einen Israeliten misshandelte. Ägypten hasste ihn und Israel misstraute ihm. Er war nicht wirklich ein idealer Kandidat, um die Befreiung einer Nation auszuhandeln.

Eines Tages ist er draußen in der Wüste und hütet Schafe und Gott spricht zu ihm. Besser gesagt, es ist ein x-beliebiger in Flammen stehender Busch, der zu ihm spricht, und es stellt sich heraus, dass es Gott ist. Verrückt, aber Gott gefällt es, nicht vorhersehbar zu sein.

Also sagt Gott zu Mose: »Ich will, dass du nach Ägypten zurückgehst und dein Volk rettest.«

Mose flippt aus und, offen gesagt, verstehe ich auch, warum. Er ist nicht nur auf der Liste der meistgesuchten Männer in Ägypten, es ist auch aussichtslos, dass der Pharao, der König von Ägypten, seine Arbeitskräfte je ziehen lässt. Irgendjemand muss ja diese Pyramiden, Sphinxe und Gräber bauen.

Mose sagt dann so: »Was? Wer bin ich, dass ich das tue? Außerdem stottere ich. Du hast dir den Falschen für diese Aufgabe ausgesucht. Das wird nicht funktionieren und dann bin ich der Depp.«

Mose hat eine Identitätskrise. Er fühlt sich unzulänglich. Er fühlt sich, als hätte er nicht genug zu bieten. In seinen Augen kann er das nicht durchziehen.

Achte auf Gottes Antwort in Vers 14 (SLT). Das ist das Gegenmittel für Moses Angst. Er sagt: »ICH BIN, DER ICH BIN.«

Ich bin sicher, dass Mose sich denkt: *Ach so, jetzt ist alles klar … Äh, nee, eigentlich nicht.*

»Mose, das ist alles, was du wissen musst. Ich bin, der ich bin.«

Angesichts der Unsicherheit und Identitätskrise von Mose sagt Gott *nicht*: »Mose, du bist toll. Du schaffst das. Du bist klug und gebildet und du hast einen tollen Bart. Alles wird gut.«

Um Moses Identitätskrise zu lösen, erinnert Gott Mose daran, wer Gott ist.

Mir gefällt das.

Die Antwort auf unsere häufigen Identitätskrisen konzentriert sich in erster Linie nicht darauf, wer wir sind, sondern wer Gott ist.

Im Grunde genommen sagt Gott: »Mose, bei mir bist du sicher. Ich bin hier. Ich bin verfügbar. Ich habe mehr als alles, was du je brauchen könntest. Ich bin von niemandem abhängig. Ich habe keinen Anfang und kein Ende. Ich bin einfach.«

Das verändert alles.

Als Jesus zu Marta sagt: »Ich bin die Auferstehung und das Leben«, erinnert er sie daran, dass er alles ist, was sie wirklich braucht. In ihrem Kummer und ihrer Verzweiflung ist Jesus die Antwort. Sein »ich bin« ist mehr als genug für ihr »ich brauche«.

Rollt ihn weg

Nachdem Jesus in Johannes 11 mit Marta gesprochen hat, kommt Maria zu ihm und sagt im Wesentlichen dasselbe wie Marta. Jesus ist eindeutig von Mitgefühl bewegt, als er ihren Schmerz sieht. Vers 35 (SLT) ist einer der schönsten und kürzesten Verse in der Bibel: »Jesus weinte.«

Obwohl Gott unendlich, zeitlos und vollkommen ist, fühlt er unseren Schmerz. Er weiß, was er tun muss, um alles in Ordnung zu bringen, und dennoch weint er mit uns, trauert mit uns und leidet mit uns.

Dann geht Jesus zum Grab. »Rollt den Stein weg.«

Und Marta sagt: »Aber Jesus – es ist schon vier Tage her. Ich will nicht eklig sein, aber es wird ziemlich übel stinken.«

»Rollt ihn weg.«

»Bist du sicher? Sollen wir wirklich?«

»Genau jetzt. Rollt ihn weg.«

Bis zur allerletzten Minute scheint Marta nicht glauben zu können, dass das, was sie eigentlich will, wirklich passiert. Sie scheint Angst zu haben. Angst zu hoffen; Angst zu vertrauen; Angst zu glauben. Und das Beste ist: Jesus weckt Lazarus trotzdem von den Toten auf.

Wir neigen dazu, mit unserer Angst einen Bogen um das zu machen, was Gott tun will, aber Gott kann tun, was er will, wenn er es tun will. Er braucht noch nicht einmal unseren Glauben, unsere Geistlichkeit, unsere guten Werke oder unsere Erlaubnis, um es zu tun. Er ist Gott und er handelt aus Gnade.

Manchmal sind uns unsere eigenen Begrenzungen so schmerzlich bewusst, dass wir diese Begrenzungen auf Gott projizieren. Gott ist durch nichts begrenzt, am wenigsten durch unsere Unzulänglichkeiten. Er ist der große Ich-bin. Er ist alles, was wir je wollen oder brauchen könnten. Er kann Dinge tun, bevor wir glauben, dass wir dafür bereit sind. Er segnet uns, sogar wenn wir es nicht verdienen, gesegnet zu werden. Unsere Schwachheiten bremsen ihn nicht aus; sie betonen nur seine Stärke.

Er ist so gut. Er ist so groß. Wir werden den Rest unseres Lebens damit verbringen, von seiner Güte und Gnade überwältigt zu sein.

Welche Umstände in deinem Leben brauchen das Leben Gottes? Welche Träume und Hoffnungen sind gestorben und begraben worden? Jesus will den Stein wegrollen. Für Lazarus war er die Quelle der Auferstehung und des Lebens. Für Mose war er die Quelle der Sicherheit und der Befreiung. Gott ist deine Quelle, deine Rettung, er ist mehr als genug.

Vielleicht bist du zu dem Schluss gekommen, dass Gott dir erst helfen wird, wenn du dein Leben auf die Reihe gebracht und alle deine Fehler, dein Versagen und deine Schwächen bereinigt und überwunden hast. Lass mich dich daran erinnern, dass wir einem Gott dienen, der derselbe ist, gestern, heute und in alle Ewigkeit.

Er kann dich im Alleingang retten. Er kann dir helfen, sogar wenn – vor allem wenn – du es nicht verdienst, du es dir nicht erarbeitet hast, du nicht damit rechnest, du dich nicht darauf vorbereitet hast und sogar wenn du es nicht glaubst. Er ist ein Heute-Gott. Er ist ein Jetzt-Gott. Und er ist für dich da.

6

Bettgeflüster

Knautschi und Flauschi

Der Bibelvers, den ich wahrscheinlich am wenigsten mag, steht in Sprüche 20, Vers 13: »Liebe nicht den Schlaf, sonst wirst du verarmen. Halte deine Augen offen, und du wirst genügend zu essen haben!«

Ich verstehe diesen Vers und ich stimme dem auch zu. Mein Problem ist nur, dass ich wirklich gerne schlafe. Ich liebe es natürlich nicht – das wäre unbiblisch. Ich mag es einfach. Sehr.

Zum Glück ist das nicht alles, was die Bibel über das Schlafen zu sagen hat. In Sprüche 3, Vers 24 steht: »Du kannst dich ohne Angst schlafen legen und dein Schlaf wird erholsam sein.«

Für Eltern von kleinen Kindern ist dieser Vers ein kleiner Vorgeschmack auf den Himmel. Gott hätte das Universum so erschaffen können, dass immer die Sonne scheint, und er hätte uns so machen können, dass wir nie Schlaf oder Ruhe bräuchten. Aber er hatte Mitleid. Er war barmherzig und gnädig zu Eltern mit kleinen Kindern, weil er wusste, dass diese Kinder für ein paar Stunden entschärft, ruhig gestellt und zum Schweigen gebracht werden müssen, damit ihre Eltern nicht den Verstand verlieren.

Mir wird dann klar, wie sehr ich das Geschenk des Schlafens schätze, wenn mein Schlaf unterbrochen wird. Das geschieht normalerweise durch einen meiner drei Sprösslinge. Ja, mir ist klar, dass ich mitfühlend sein sollte, wenn sie plötzlich und unbedingt und auf der Stelle einen Schluck Wasser brauchen. Ich weiß, ich sollte froh sein, dass ich ihre willkürlichen Lebensfragen beantworten darf, die ein Traum in ihnen hervorgerufen hat. Ich weiß, dass sie viel zu schnell groß und aus dem Haus sein werden. Aber ich schlafe einfach wirklich, wirklich gerne.

Ich weiß, was meine Frau denken wird, wenn sie das liest. Aus der Tiefe und der Bitterkeit ihres Herzens wird sie sagen: »Was? Soll das ein Witz sein? Du wachst nie auf, wenn unsere Kinder nachts kommen. Ich bin immer diejenige. Du legst dir einfach ein Kissen auf die Ohren und schläfst tief und fest weiter.« Und das stimmt. Sie steht mit den Kindern auf – normalerweise, manchmal, meistens, immer …

Es ist etwas unglaublich Erfrischendes daran, sich in sein Lieblingskissen zu kuscheln und in einen Zustand der Glückseligkeit einzutauchen.

Ich habe eine persönliche Kopfkissenkonstruktion. Ich habe ein knautschiges und ein flauschiges Kissen. Ich nenne sie Knautschi und Flauschi. Manchmal staple ich Knautschi auf Flauschi und manchmal Flauschi auf Knautschi. Das ist mein ureigenes Privileg.

Wenn ich verreise, vermisse ich Knautschi und Flauschi. Wenn ich in einem Hotel bin, vermisse ich meine Frau, wenn sie nicht da ist – aber ich vermisse auch Knautschi und Flauschi. Sie sind der Doppelschlag-Segen in meinem Leben. Knautschi und Flauschi sind immer da, wenn ich sie am dringendsten brauche.

Tatsächlich kommt in einer der stärksten Beschreibungen von Jesus in der Bibel ein Kopfkissen vor. Die Kraft der Geschichte liegt in ihrem Zusammenhang: Jesus schlief tief und fest auf einem Kissen, in einem Boot, auf einem See, und zwar genau während des Sturms des Jahrhunderts.

Offenbar machte diese Erfahrung einen großen Eindruck auf die Jünger, denn sowohl Matthäus als auch Markus und Lukas berichten davon. Im Markusevangelium, Kapitel 4, Verse 35-41 steht:

> *Als es Abend wurde, sagte Jesus zu seinen Jüngern: »Wir wollen auf die andere Seite des Sees fahren.« Jesus war schon im Boot. So entließen die Jünger die Menge, stiegen zu ihm ins Boot und fuhren los. Einige andere Boote fuhren mit ihnen. Doch bald darauf erhob sich ein heftiger Sturm, und hohe Wellen schlugen ins Boot, bis es fast ganz voll Wasser gelaufen war. Währenddessen schlief Jesus hinten im Boot mit dem Kopf auf einem Kissen. In ihrer Verzweiflung weckten sie ihn schließlich und riefen: »Lehrer, macht es dir denn gar nichts aus, dass wir umkommen?« Jesus erwachte, bedrohte den Wind und befahl dem Wasser: »Schweig! Sei still!« Sogleich legte sich der Wind, und es herrschte tiefe Stille. Und er fragte die Jünger: »Warum seid ihr so ängstlich? Habt ihr immer noch keinen Glauben?« Voll Furcht sagten sie zueinander: »Wer ist dieser Mann, dass ihm sogar Wind und Wellen gehorchen?«*

Jesus und seine Jünger setzten die Segel; es sollte ein kurzer Ausflug über den See sein, wie die dreistündige Bootstour bei *Gil-*

ligans Insel[1] sozusagen. Doch ein starker Sturm kommt auf und die Jünger haben große Angst.

Bedenke, dass diese Männer Berufsfischer sind. Sie sind es gewöhnt, Tag und Nacht, bei allen möglichen Witterungsbedingungen auf dem Wasser zu sein. Das sind keine Neulinge, keine Amateure und auch keine Touristen, die Spaß haben und die Sonne genießen wollen.

Diese jungen Männer sind wahrscheinlich auf diesem Gewässer groß geworden. Sie haben wahrscheinlich schon alles gesehen. Und trotzdem bangen sie in diesem Moment um ihr Leben. Ziemlich wahrscheinlich haben sie noch nie so einen Sturm gesehen. Sie haben panische Angst.

In der Zwischenzeit liegt im Heck des Schiffes Jesus mit seinem göttlichen Haupt auf einem Kissen und schläft. Die Jünger kreischen in einer Frequenz, die man normalerweise nur von Teenie-Mädchen kennt, und Jesus schnarcht.

Der Gegensatz ist krass und gewollt. Ich glaube, Jesus teilt uns von seinem Ruheplatz aus eine Botschaft mit. Er sagt uns, dass wir ihm vertrauen können, wenn die Stürme des Lebens kommen. Wir können uns seine friedvolle Haltung ansehen und Ruhe finden für unsere Seelen.

---

1 *Gilligan's Island* ist eine US-amerikanische Sitcom (1964-67). Sie handelt von einem Ausflugsboot, das zu einer dreistündigen Vergnügungsfahrt aufbricht, dann aber in einen tropischen Sturm gerät. Das Boot strandet mit den Besatzungsmitgliedern und den Passagieren auf einer unbewohnten tropischen Insel. Die Episoden behandeln das Leben der Schiffbrüchigen auf dieser Insel und ihre Versuche, sie zu verlassen (http://de.wikipedia.org/wiki/Gilligans_Insel; aufgerufen am 16.8.2015).

Klatschnass, aber nicht ertrunken

Bevor wir weiter über Jesus und sein Kopfkissen reden, möchte ich ein paar wesentliche Dinge ansprechen. Erstens, nur weil Jesus im Boot ist, heißt das nicht, dass wir nicht durch Stürme gehen werden.

Dinge passieren, Stürme passieren, Probleme passieren. Schlechte Dinge passieren guten Menschen, Menschen die Gott nachfolgen, Gott lieben und an Gott glauben.

Stürme bedeuten ja nicht, dass Jesus nicht da ist. Stürme sind kein Indiz für mangelnden Glauben oder mangelnde Heiligkeit. Ich hab schon Leute sagen hören: »Oh, du bist in einem Sturm? Du bist in Schwierigkeiten? Du musst etwas falsch gemacht haben oder hast nicht genügend Glauben, dass Gott dich retten kann.«

Aber das lehrt die Bibel nicht. Die Bibel lehrt, dass wir alle in Stürme geraten. Doch Jesus ist in unserem Boot und er flippt nicht aus. Vielleicht sollten wir das als Hinweis deuten.

Zweitens, nur weil wir Jesus im Boot haben, heißt das nicht, dass wir nicht nass werden. Das bedeutet: Nur weil wir Jesus lieben und nachfolgen heißt das nicht, dass wir nicht von den Umständen des Lebens beeinflusst werden.

Vielleicht sind manche von uns gerade jetzt in einem Sturm und sind nicht nur nass, sondern klatschnass. Vielleicht sind wir bis auf die Haut durchnässt, peinlich berührt und wir schämen uns, weil wir denken, dass wir stärker oder schlauer sein sollten. Wir glauben, dass wir immer glücklich, siegreich und unbeeindruckt sein sollten, weil Jesus ja in unserem Leben ist. Wir machen uns Sorgen, dass wir abgelehnt werden, wenn jemand herausfindet, wie die Naturgewalten und Umstände uns in Mitleidenschaft ziehen. Darum setzen wir im Namen des Glaubens ein künstliches Lächeln auf und tun so, als wären wir trocken.

Aber es gibt einen Unterschied zwischen klatschnass und untergegangen. Wir sind vielleicht völlig durchnässt, aber nicht ertrunken. Wir sind vielleicht nass, aber unser Kopf ist noch über Wasser. Wir haben vielleicht Schaden erlitten, sind entmutigt und durch den Irrsinn des Lebens abgelenkt, aber wir wissen, wer bei uns im Boot ist. Wir werden nicht untergehen.

Es ist keine Heuchelei, Gott zu lieben und Gott zu danken, wenn man nass ist. Jesus stört es nicht, wie nass wir sind. Er freut sich, uns dabei zu helfen, die Stürme zu überstehen und uns sicher auf die andere Seite zu bringen.

Gott ist auf unserer Seite, egal durch welchen Sturm wir gehen, und er ist auf unserer Seite, egal was den Sturm verursacht hat. Gott ist sogar dann bei uns, wenn wir den Sturm selbst – vielleicht durch falsche Entscheidungen oder unweises Handeln – verursacht haben.

Das Wesentliche ist nicht der Sturm. Auch nicht der Wind, die Wellen und das Wasser. Das Wesentliche ist Jesus. Egal was du durchmachst oder warum du es durchmachst, Jesus ist gelassen und hat alles im Griff.

Bleib ruhig und segle weiter

Ich bezweifle allerdings, dass die Jünger an diesem Punkt der Geschichte über das eben Gesagte nachdenken. Nein, sie paddeln um ihr Leben.

Und sie werden immer frustrierter, wenn sie nach hinten schauen und sehen, wie ihr Leiter schläft. Das ist der Typ, der dafür verantwortlich ist, dass sie auf dem See sind, und es scheint ihn nicht zu kümmern. Wie oft starren sie ihn wohl wütend an, bevor sich endlich jemand entschließt, ihn aufzuwecken?

Ich glaube, sie erwarten, dass er aufspringt, kurz aufschreit, ein Ruder ergreift und wie wild zum Ufer paddelt. Eigentlich wollen sie genau das. Sie wollen, dass er das Paddeln und die Panik anführt.

Wenn das Leben manchmal verrücktspielt, ertappe ich mich dabei, dass ich von Gott erwarte, dass er neben mir in Panik gerät. Ich glaube dann, er sollte genauso nervös sein wie ich, er sollte auf der Kante seines Thrones sitzen oder die himmlischen Korridore auf und ab schreiten und warten, was bei meinem Sturm am Ende herauskommt.

Doch Gott scheint zu schlafen. Es ist frustrierend. Weiß Gott denn nicht, welche Umstände mich gerade überwältigen wollen? Kann er denn nicht sehen, dass ich durchnässt bin und untergehe? Warum tut er denn nichts?

Schließlich wecken die Jünger Jesus auf. Er lässt sich wahrscheinlich Zeit, sich aufzusetzen. Er gähnt und streckt sich. Er reibt sich die Augen. Er macht es wirklich spannend. Dann wendet er sich dem Sturm zu.

»Wind, Wellen – hört auf damit.«

Der See wird spiegelglatt. Der Wind verpufft. In der Ferne hört man schwach das Krächzen oder Kreischen der Möwen oder was Möwen auch immer für Geräusche machen.

Ich glaube, es folgt ein bedeutungsschwangeres Schweigen. Vielleicht entweichen Petrus ein paar Kraftausdrücke. Schließlich ist er Fischer.

Die Jünger schauen Jesus an und ihre Kinnladen fallen hinunter bis aufs Deck. »Wer ist dieser Mann? Wer spricht zu dem Sturm – und er gehorcht ihm? Wer tut so etwas?

Um ihre Reaktion zu beschreiben, verwendet die Bibel Wörter wie *voll Furcht, voller Entsetzen* und *von Furcht gepackt*. Das bedeutet nicht, dass sie Angst vor Jesus haben wie vor dem Sturm. Es bedeutet, sie sind voll tiefer Ehrfurcht vor ihm. Sie sind erstaunt, fassungslos, sprachlos und von Ehrfurcht ergriffen.

Ich glaube ungefähr jetzt wird ihnen klar, dass sie sich eigentlich nie in Lebensgefahr befunden hatten. Gott kann nicht untergehen. Er wird nicht zufällig in dem Wasser ertrinken, das er am Anfang geschaffen hat. Die Wind und Wellen sind nichts im Vergleich zu dem Mann, der in ihrem Boot geschlafen hatte.

Ehrfurcht und Erstaunen

Es ist leicht, nach dem Sturm Ehrfurcht vor Jesus zu haben. Aber in dieser Stelle geht es darum, dass wir während des Sturms Ehrfurcht vor Jesus haben sollten.

Am Ende der Geschichte fragen die Jünger erstaunt: »Wer ist dieser Mann, dass ihm sogar Wind und Wellen gehorchen?«

Weißt du, was sie hätten sagen sollen? Sie hätten Jesus ansehen sollen, wie er tief und fest auf Knautschi und Flauschi schläft, und sagen sollen: »Wer ist dieser Mann, dass noch nicht einmal Wind und Wellen ihn aufwecken können?« Sie hätten auf Jesu ruhiges Verhalten blicken und merken sollen, dass er alles im Griff hat, selbst während der Sturm tobte.

Das Wort *Ehrfurcht* bezieht sich auf ein überwältigendes Gefühl von Staunen und Bewunderung, das von etwas Mächtigem hervorgerufen wird. Wenn wir Ehrfurcht vor etwas haben, verehren und fürchten wir es.

Im Leben ist es fast so, als würden die Stürme versuchen, uns ins Wanken zu bringen und unsere Ehrfurcht zu bekommen. Sie wollen unsere Verehrung gewinnen und versuchen, uns von ihrer Macht zu überzeugen.

Das war das Problem mit diesen jungen Jüngern. Sie hatten Ehrfurcht vor dem Sturm, obwohl Jesus so nahe war. Sie schauten auf die Naturgewalten. Sie hörten auf ihre fünf Sinne, anstatt Jesus zu vertrauen.

Unsere fünf Sinne schreien uns förmlich an, wenn wir uns in den Herausforderungen und Schwierigkeiten des Lebens befinden. Wir können den Sturm hören. Wir können den Sturm sehen. Wir können den Sturm schmecken und fühlen. Unsere Sinne sagen uns: »Du gehst unter! Du wirst es niemals überstehen! Was willst du jetzt tun?«

Ich befürworte nicht, dass wir die Realität ausblenden sollten; wir sollten vielmehr einer größeren Realität Beachtung schenken. Jesus ist bei uns und die Umstände, die unsere Boote und unsere Welt so leicht zum Wanken bringen, lassen ihn kalt. Er ist bei uns im Sturm. Er wird uns nie verlassen und nicht im Stich lassen. Seine Verheißungen sind wahr und seine Liebe vergeht niemals.

Achte mal darauf, was die Jünger zu Jesus sagen, als sie ihn aufwecken: »Macht es dir denn gar nichts aus, wenn wir umkommen?« Sie kritisieren ihn, weil er sich weigert, sich zusammen mit ihnen Sorgen zu machen und in Panik zu verfallen.

Wenn wir mehr Ehrfurcht vor Jesus haben als vor dem Sturm, werden wir uns derselben Kritik aussetzen müssen. Kollegen und Freunde werden uns vorwerfen: »Dir ist doch alles egal. Siehst du nicht, wie es der Wirtschaft geht? Siehst du nicht die Krankheit? Siehst du nicht die Möglichkeit von Zerstörung, Verlust oder Tod? Das sollte dir wichtiger sein!«

Und mit »wichtiger sein« meinen sie natürlich, du sollst mehr an deinen Nägeln kauen, mehr hin und her laufen, gestresster sein, mehr schwitzen, dich mehr beschweren. Daran sind die meisten Leute gewöhnt. Wenn du nicht sichtlich besorgt bist, denken sie, du seist entweder dumm oder gleichgültig.

Gott ist da anderer Meinung.

In der Bibel steht in Matthäus, Kapitel 6, dass, wenn du klein bist, du nicht größer wirst, nur weil du dir Sorgen darüber machst. Wenn dir die Haare ausgehen und du dir deswegen Stress machst, werden dir deswegen keine neuen Haare wachsen. Genauso wenig werden dir Sorgen dabei helfen, die Gehälter auszubezahlen, wenn du geschäftlich gerade knapp bei Kasse bist. Wenn deine Kinder verrücktspielen, werden ihnen deine Sorgen nicht dabei helfen, gute Entscheidungen zu treffen.

Sorgen sind nutzlos. Sorgen zapfen unsere Kraft an und rauben uns den Fokus. Sie bewirken nur, dass wir den Stürmen gegenüber ehrfürchtiger und sprachloser sind als gegenüber dem Einen, der die Stürme mit einem Wort zum Schweigen bringt.

Vor einigen Jahren ging meine Familie durch einen nie geahnten Sturm der Krankheit. Völlig aus dem Nichts heraus wurde bei meinem Vater unheilbarer Krebs festgestellt.

Sechs Jahre lang kämpfte mein Vater – mit Mut, Glauben und Gnade. Am Ende ging er von uns. Jetzt, im Himmel, ist er geheilt. Er ist gesund, heil und glücklich. Eines Tages werde ich ihn wiedersehen und wir werden Geschichten austauschen über die verrückten Höhen und Tiefen des Lebens und darüber, wie gut Gott ist und wie wir beim Golf immer geschummelt haben. Er bedeutete mir alles und ich werde ihn immer lieben.

Der Sturm der Krebserkrankung überwältigte unsere Familie mehr als alles, was wir bisher erlebt hatten. Wir wurden vom Wind durchgeschüttelt und von den Wellen durchnässt. Oft stand ich neben dem Bett meines Vaters, als die Schmerzen ihn plagten. Ich schaute zu und litt mit ihm, als sein Körper immer mehr abbaute.

In diesen Augenblicken wollte der Krebs meine Ehrfurcht besitzen. Er wollte meine Verehrung, Bewunderung und mein Staunen. »Sieh mal, wie stark ich bin«, sagte er dann. »Sieh mal, was ich tun kann.«

Es gab nur eine Möglichkeit, dem Sog dieser Krankheitsmacht zu widerstehen. Und das war, auf Jesus zu schauen. Ich konnte den Krebs nicht mit Argumenten schlagen. Ich konnte die Umstände nicht austricksen. Ich konnte den Sturm nicht stillen.

Aber ich konnte auf Jesus schauen. Er war bei uns in guten und in schlechten Zeiten. Er war da, als das Leid kaum zu ertragen war. Er war da, als die Umstände nicht mehr nachvollziehbar waren, als wir kaum mehr eine Entscheidung treffen konnten und als unsere Sinne schrien, dass alles verloren sei.

Jesus ließ uns nie untergehen.

Krebs, finanzielle Not, AIDS, Scheidung, Depression, Vergewaltigung, Selbstmord – diese Stürme sind so mächtig, dass es keine Hoffnung auf ein Morgen zu geben scheint. Aber sie sind nicht mächtiger als Jesus. Sie sind nicht wunderbarer oder erhabener als Gott.

Durch all das bittet uns Jesus, auf ihn zu schauen und uns auf ihn zu konzentrieren. Er ist nahe. Er ist in unserem Boot und er ist ruhig und gelassen, denn er ist größer als der Sturm.

»Sohn, du gehst nicht unter. Tochter, ich weiß, deine Sinne schreien dich an, aber richte deine Augen auf mich. Wir werden es auf die andere Seite schaffen.«

Stürme passieren. Ich kann nicht versprechen, dass du trocken bleibst. Ich kann nicht versprechen, dass du keine schweren Zeiten durchmachen musst. Aber ich kann dir versprechen, dass Jesus größer ist als dein Sturm und dass er bei dir ist. Der Sturm wird aufhören. Der Wind wird nachlassen. Die Wellen werden sich glätten. Jesus wird dich sicher auf die andere Seite begleiten.

7

Vertraue der Gnade

Ich vergebe dir – aber erst morgen

Ich wuchs in einer Familie auf, die an Konfliktbewältigung glaubte. Mein Vater zitierte gerne Epheser, Kapitel 4, Vers 26: »Lasst die Sonne nicht über eurem Zorn untergehen.« Das war die Regel. Man konnte es eine Weile miteinander ausfechten, aber bevor man ins Bett ging, musste eine Lösung und Vergebung her.

Mein Vater und meine Mutter sorgten dafür, dass meine Schwester und ich uns jedes Mal einen Kuss auf die Wange geben mussten, um einen Streit zu beenden. Das war eigentlich genial. Wir hörten auf zu kämpfen, weil es keine schlimmere Strafe gab, als einander küssen zu müssen. Ich wuchs mit der Mentalität auf, dass Versöhnung und Vergebung ein normaler Teil des Familienlebens sein sollten.

Jetzt habe ich eine Frau und eine eigene Familie. Chelsea und ich sind seit vierzehn Jahren verheiratet, Tendenz steigend. Wir haben eine tolle Ehe und wir lieben einander sehr.

In unserer Ehe haben wir einen andauernden Wettbewerb. Dieser Wettbewerb ist unausgesprochen, aber sehr real. Jedes Mal, wenn wir einen Streit haben – was natürlich nur so einmal am Tag passiert –, haben wir einen Wettbewerb, wer als erstes »Vergibst du mir?« sagen wird.

Die Idee hinter diesem kleinen Wettbewerb zwischen Chelsea und mir ist, dass der Geistlichere von uns beiden zuerst sagen wird: »Vergibst du mir?«

Das klingt toll, und ich bin theoretisch auch sehr dafür. Nur gewinnt Chelsea immer, weil sie geistlich, klug und diszipliniert ist. Auch ich bin geistlich, denke ich – aber ich bin auch emotional. Wirklich emotional. Dieser Wettbewerb ist nicht fair.

Wir sind also am Höhepunkt unseres Wortgefechts angelangt, direkt auf dem Zenit unseres Kampfes. Und meine Adern pulsieren und ich fange an, beim Sprechen ein wenig zu spucken.

Und genau dann sagt sie: »Vergibst du mir?«

Dafür bin ich nicht bereit. Ich sage: »Boah! Zu früh!«

Sie meint es ernst. »Wirklich, Schatz, es tut mir leid. Vergibst du mir?«

Und innerlich denke ich: *Nein. Ich meine, ja, schon – aber erst morgen. Jetzt gerade habe ich einige wirklich gute Argumente und ich will, dass du dich schlecht fühlst, weil du mich dazu gebracht hast, dass ich mich schlecht fühle. Eigentlich will ich, dass du vor Reue und Schuldgefühlen zerfließt und dieselben Qualen erlebst, die du mir zugefügt hast. Ich werde dir später vergeben. Jetzt will ich Gerechtigkeit.*

Weißt du, wovon ich spreche? Die meisten von uns haben das auch schon erlebt. Wir sagen all diese Dinge natürlich nicht wirklich, aber die Gefühle sind da und sie sind sehr real.

Das ist nicht gerecht. Du kommst jetzt nicht einfach so aus der Nummer raus, nur weil du mich um Vergebung bittest. Ich bin noch nicht fertig mit dir. Du musst dir meine Vergebung erst verdienen. Du musst darum betteln.

Chelsea tut es genau dann, wenn ich am aufgebrachtesten bin. Und ich sage dann so: »Sch-schon gut. Ich vergebe dir. Ich will es eigentlich nicht, aber ich tue es.«

Sie hat natürlich Recht. Menschen in gesunden Beziehungen vergeben schnell, vergessen schnell und sind schnell drüber weg.

Doch ich weiß, ich bin nicht allein mit meinem Wunsch, Recht zu bekommen oder meinem Ärger Luft zu machen. Es liegt in der menschlichen Natur, Gerechtigkeit zu fordern, zumindest wenn es um unseren eigenen Vorteil geht. Wenn wir im Unrecht sind, geht es uns nur um Gnade; aber wenn die andere Person im Unrecht ist, scheint Gerechtigkeit so biblisch und göttlich zu sein.

Die Gerechtigkeit der elften Stunde

Wenn wir Gott vertrauen und Gott erleben und das Leben lieben, müssen wir verstehen, wie Gott Gerechtigkeit und Beziehungen sieht.

Wir neigen dazu, unsere Beziehungen auf Gerechtigkeit und Fairness zu bauen, weil wir dadurch ein Maß an Kontrolle verspüren. Wir wissen, was zu tun ist, wir wissen, was zu erwarten ist, und wir wissen, was wir verdienen. Aber Jesus hat die Angewohnheit, unser Konzept von Gerechtigkeit durcheinanderzubringen. Genau das passiert in einem Gleichnis, das Jesus in Matthäus, Kapitel 20 (NGÜ) erzählte.

Ich beginne mit dem letzten Vers aus Kapitel 19.

> *Denn mit dem Himmelreich ist es wie mit einem Gutsbesitzer, der sich früh am Morgen aufmachte, um Arbeiter für*

seinen Weinberg einzustellen. Er ›fand etliche und‹ einigte sich mit ihnen auf den ›üblichen‹ Tageslohn von einem Denar. Dann schickte er sie in seinen Weinberg. Gegen neun Uhr ging er wieder auf den Marktplatz und sah dort noch andere untätig herumstehen. »Geht auch ihr in meinem Weinberg arbeiten!«, sagte er zu ihnen. »Ich werde euch dafür geben, was recht ist.« Da gingen sie an die Arbeit. Um die Mittagszeit und dann noch einmal gegen drei Uhr ging der Mann wieder hin und stellte Arbeiter ein. Als er gegen fünf Uhr ›ein letztes Mal‹ zum Marktplatz ging, fand er immer noch einige, die dort herumstanden. »Was steht ihr hier den ganzen Tag untätig herum?«, fragte er sie.

»Es hat uns eben niemand eingestellt«, antworteten sie. Da sagte er zu ihnen: »Geht auch ihr noch in meinem Weinberg arbeiten!«

Am Abend sagte der Weinbergbesitzer zu seinem Verwalter: »Ruf die Arbeiter zusammen und zahl ihnen den Lohn aus! Fang bei den Letzten an und hör bei den Ersten auf.« Die Männer, die erst gegen fünf Uhr angefangen hatten, traten vor und erhielten jeder einen Denar. Als nun die Ersten an der Reihe waren, dachten sie, sie würden mehr bekommen; aber auch sie erhielten jeder einen Denar.

Da begehrten sie gegen den Gutsbesitzer auf. »Diese hier«, sagten sie, »die zuletzt gekommen sind, haben nur eine Stunde gearbeitet, und du gibst ihnen genauso viel wie uns. Dabei haben wir doch den ganzen Tag über schwer gearbeitet und die Hitze ertragen!«

Da sagte der Gutsbesitzer zu einem von ihnen: »Mein Freund, ich tue dir kein Unrecht. Hattest du dich mit mir nicht auf einen Denar geeinigt? Nimm dein Geld und geh! Ich will nun einmal dem Letzten hier genauso viel geben wie dir. Darf ich denn mit dem, was mir gehört, nicht tun, was ich will? Oder bist du neidisch, weil ich so gütig bin?«

So wird es kommen, dass die Letzten die Ersten sind und die Ersten die Letzten.

Am Anfang dieses Gleichnisses sagt Jesus, dass das Reich Gottes so funktioniert: Die Letzten sind die Ersten und die Ersten sind die Letzten. Mit anderen Worten, in dem Reich, der Kultur und Gemeinschaft, die Jesus baut, sind unsere Bewertungssysteme verkehrt herum. Jesus definiert unsere Vorstellung von Gerechtigkeit neu.

Warum ist das so wichtig? Weil wir am Ende genauso verwirrt sein werden wie diese Arbeiter im Weinberg, wenn wir versuchen, mit Gott auf der Grundlage dessen in Beziehung zu treten, was wir getan haben, was wir verdienen und was wir glauben, dass er für uns tun sollte.

Gottes Vorstellung von Gerechtigkeit erfordert viel Vertrauen unsererseits. Wir müssen glauben, dass er gut ist und dass er für uns sorgt.

Als Menschen denken wir normalerweise in Begriffen von Verdienst und Fairness. Aber Jesus sagt: »Lass mich dir sagen, wie mein Reich funktioniert«, und erzählt dann eine Geschichte, die total frustrierend ist. Das heißt, sie ist frustrierend, außer du bist der Arbeiter der elften Stunde.

Wenn ich durcheinander oder mutlos bin, liegt das meistens nicht daran, dass mein Leben schrecklich ist. Sondern weil irgendwas in meinem Leben nicht so läuft, wie ich es erwarte. Gott tut nicht das, was er meiner Meinung nach tun sollte, und es fällt mir schwer, einfach loszulassen und ihm zu vertrauen. Ich habe festgestellt, dass mein Maß an Gottvertrauen direkt damit zusammenhängt, wie sehr ich Gott und das Leben genieße.

Genau wie in dieser antiken Kultur gibt es auch bei uns ein Bewertungssystem. Es ist normalerweise in den Tiefen unseres Herzens verborgen, und doch ordnen wir uns alle gegenseitig ein. Wir bewerten einander.

»Wow, diese Person ist aber hübsch, eine richtige Schönheit.«

»Sie ist so ein toller Mensch.«

»Der Typ ist echt begabt. Ein erstaunliches Talent.«

»Ähm, der da – nicht so talentiert. Nicht so begabt.«

»Boah … den kann man sich ja kaum ansehen.«

Weißt du, was ich meine? Wir alle haben unser Klassensystem.

Jesus sagt im Grunde genommen: »Ich verstehe, wie ihr denkt. Ich verstehe, dass ihr einen ersten Platz, einen zweiten Platz und einen achten Platz und einen allerletzten Platz habt. Ihr habt ein eigenes Bewertungssystem, aber ihr müsst mein Bewertungssystem verstehen. Viele, von denen ihr denkt, sie seien die Ersten, werden in Wirklichkeit die Letzten sein; und viele, von denen ihr denkt, sie seien die Letzten, werden die Ersten sein.«

»Äh, warte mal. Wie jetzt?«

Beachte, dass in dem Gleichnis Jesu die erste Gruppe von Arbeitern die Einzigen sind, die einen Vertrag mit dem Weinbergbesitzer haben. Sie willigen ein, einen ganzen Tag – zwölf Stunden – für einen Denar zu arbeiten, was der standardmäßige Tageslohn war. Das ist ein fairer Vertrag. Sie arbeiten brav einen Tag lang und erhalten den festgesetzten Tageslohn. Jeder weiß, was von ihm erwartet wird. Jeder ist mit den Bedingungen einverstanden.

Zur dritten Stunde, das wäre bei uns ungefähr neun Uhr, geht der Besitzer zurück und stellt noch ein paar Arbeiter ein. Diese Arbeiter werden auf Vertrauensbasis angestellt, ohne Vertrag. Der Besitzer sagt ihnen nicht, wie viel er ihnen bezahlen wird. Er sagt ihnen nur, sie würden erhalten, was recht ist.

Dasselbe macht er nochmal zur sechsten und zur neunten Stunde, also um 12 Uhr mittags und um drei Uhr nachmittags. Schließlich stellt er zur elften Stunde, also eine Stunde vor Arbeitsende, noch eine letzte Gruppe ein. Und er sagt ihnen dasselbe: »Vertraut mir. Ich werde euch das bezahlen, was recht ist. Ich werde euch fair bezahlen.«

Dann ist die Arbeit getan, der Pfiff ertönt und es ist Zeit für die Bezahlung. In diesem Moment beginnen die Reibereien.

Es fasziniert mich, dass der Besitzer darauf besteht, dass sein Verwalter zuerst denen den Lohn ausbezahlt, die zuletzt kamen. Warum bezahlte er die ersten Arbeiter nicht zuerst? Das wäre doch nachvollziehbar gewesen. Oder vielleicht in alphabetischer Reihenfolge? Oder warum lässt er sie sich nicht nach dem Zufallsprinzip in einer Reihe aufstellen? Der Besitzer scheint ein wenig sadistisch veranlagt zu sein, als wollte er hier einen Streit heraufbeschwören.

Aber eigentlich will Jesus auf Folgendes hinaus: Gnade kann frustrierend sein.

»Okay, ihr Arbeiter der elften Stunde. Wo seid ihr?« Der Verwalter hält seinen Münzbeutel in der Hand. Also kommen die Arbeiter, die eine Stunde vor Schluss ankamen, nach vorne. Sie sind noch frisch und voller Energie und riechen noch gut. Sie hatten noch keinen Schweißausbruch. Ihre Fingernägel sind makellos.

Der Besitzer sagt: »Wir waren uns einig, dass ich euch das bezahlen würde, was recht ist, oder? Hier ist also ein Denar für dich und ein Denar für dich und einer für dich …«

Die Jungs, die volle zwölf Stunden gearbeitet haben, stehen am Ende der Schlange, aber sie passen gut auf. Sie fragen sich, wie das zustande kommen konnte. Sie fangen sofort an zu rechnen. »Sie haben einen Denar bekommen? Das ist ja verrückt. Dann werden wir garantiert viel mehr bekommen als sie. Cool.«

Der Verwalter kommt zu den nächsten drei Gruppen von Arbeitern. »Ein Denar, ein Denar, ein Denar.«

Schließlich kommt er zu den Jungs, die die ersten waren, diejenigen, die einen Vertrag hatten. »Ein Denar für dich und einer für dich …«

»Was? Hey! Das ist nicht fair!«

»Entschuldigung. Gibt es ein Problem?«

»Ja, eigentlich schon, jetzt, wo Sie das erwähnen. Wir haben die sengende Tageshitze ertragen. Da draußen herrschen Temperaturen wie in Phoenix, Arizona. Die Jungs da drüben haben nur in der Abenddämmerung gearbeitet. Sie riechen immer noch gut.«

Die frühe Gruppe behielt alles im Auge, nicht wahr? Warum haben sie sich nicht nur mit ihrer Arbeit beschäftigt? Stattdessen sagen sie: »Sie haben eine Stunde gearbeitet. Wir haben mitgezählt. Wir hatten sie genau im Blick. Eine Stunde. Und Sie wollen ihnen dasselbe geben wie uns? Haben wir nicht mehr verdient? Wo bleibt denn hier die Gerechtigkeit?«

Was sagt Jesus? Dass Gott uns nicht das gibt, was wir zu verdienen glauben. Er gibt uns, was er uns geben will, und er bittet uns, ihm zu vertrauen, dass das richtig ist.

Manche von uns lesen das und denken: *Eigentlich will ich lieber Gerechtigkeit. Gerechtigkeit verstehe ich. Gerechtigkeit ist messbar, vorhersehbar und bequem. Ich will das verdienen, was ich bekomme, und ich will das bekommen, was ich verdiene.*

Streben wir wirklich einen Vertrag mit Gott an? Wollen wir wirklich über das sprechen, was wir verdienen? Das ist eine Sackgasse. Da wollen wir nicht hin. In Römer 6,23 steht, dass der Lohn der Sünde der Tod ist. Wenn wir es ganz genau haben wollen, dann verdienen wir genau das. Was darüber hinausgeht, ist reine Gnade und Güte.

Also lasst uns aufhören darüber zu reden, was wir verdienen, was wir uns erarbeitet haben und was gerecht ist. Würde es danach gehen, wären du und ich dem Untergang geweiht. Wir alle sind Produkte der Gnade. Wir alle sind durch Gnade gerettet. Lasst uns daran denken und das feiern.

Weißt du, was erstaunlich ist? Hätte die erste Gruppe ihren Lohn zuerst erhalten, hätten sie gar nicht viel davon mitbekommen, was die letzten Arbeiter bekommen haben. Manchmal frage ich mich, wie glücklich wir doch wären, wenn wir keine Informationen über unsere Nachbarn und Freunde hätten.

Ich bin überzeugt, Gott segnet Menschen absichtlich vor unseren Augen. Du warst so glücklich, dass Gott dir eine Katze gegeben hat, aber dann findest du heraus, dass er Bill einen Geländewagen geschenkt hat und jetzt bist du sauer. Du warst begeistert von deinem siamesischen Kätzchen, aber jetzt bekommt Bill einen Cadillac Escalade und du bist frustriert.

»Komm schon, Gott. Ich bekomme eine Hauskatze und Bill einen Escalade?«

Hättest du nicht gewusst, dass Bill einen Escalade bekommen hat, wärst du mit der Katze immer noch glücklich. Aber jetzt sagst du: »Ich will auch einen Escalade, wie Bill.«

Am Ende des Johannesevangeliums wählte Jesus Petrus aus und ermutigte ihn. Falls du dich erinnerst, Petrus brauchte ein wenig Liebe – er hatte erst kurz zuvor spektakulär versagt, was sein Versprechen anbelangte, Jesus treu zu sein. Jesus sagte Petrus, er sei wichtig, er werde ein Leiter sein und Jesus so treu sein, dass er eines Tages sogar für ihn sterben werde.

Dann drehte sich Petrus um, sah Johannes und sagte. »Hey, Jesus, was ist mit Johannes? Was bekommt er?«

Und im Wesentlichen sagte Jesus zu Petrus: »Was hat Johannes mit dir zu tun? Hier geht es nicht um Johannes und mich, sondern um dich und mich. Warum fragst du nach Johannes? Wenn ich will, dass Johannes ewig lebt, was hat das mit dir zu tun?«

Jesus macht hier eine überspitze Aussage, um etwas zu beweisen: »Was Johannes und mich angeht, werde ich das tun, was ich will. Hier geht es um dich und mich. Folge mir einfach nach.«

Anders ausgedrückt, arbeite einfach im Weinberg. Hör auf, dich zu vergleichen. Hör auf, dich zu beschweren. Hör auf, dir ständig den Kopf zu zerbrechen.

»Gott, ich habe dir so viele Jahre lang treu gedient, aber ich kann kaum meine Rechnungen bezahlen. In der Zwischenzeit fängt der Typ, der sein Leben total verkorkst hat, an, dir nachzufolgen und bekommt plötzlich einen besseren Job und mehr Gehalt als ich. Ich bin enttäuscht. Ich ärgere mich. Wo ist hier die Gerechtigkeit?«

Kein Wunder, dass wir Gott manchmal nicht erleben. Wir sind zu sehr damit beschäftigt, ihm zu sagen, was er hätte anders tun sollen.

Was recht ist

Die erste Gruppe von Arbeitern in dem Gleichnis war unter Vertrag, aber die letzten vier Gruppen waren unter Gnade. Sie lebten und dienten auf Vertrauensbasis. *Was recht ist.* Wie cool ist das denn? Gottes Vorstellung von dem, was recht ist, ist viel großzügiger als unsere. Seine Vorstellung von Gerechtigkeit und Fairness lässt unsere kleinlichen Maßstäbe zerplatzen.

Ich möchte viel lieber in der Unklarheit der Gnade und Güte Gottes leben als in den strengen Vorstellungen von Gesetzlichkeit und Geboten.

Es läuft auf Folgendes hinaus: Vertrauen wir Gott? Vertrauen wir darauf, dass das, was er für richtig erachtet, genug sein wird? Vertrauen wir darauf, dass er gerecht, gut und barmherzig ist?

Lasst uns seine Güte genießen und uns über seine Gnade freuen. Es liegt so viel Freiheit darin, Gott einfach Gott sein zu lassen und sich die kindliche Unschuld und den kindlichen Glauben an ihn zu bewahren.

Nur für den Fall, dass du dich fragst, wer die Menschen der elften Stunde sind, das sind wir – du und ich. Wir haben es gerade so geschafft. Bevor wir Gott begegneten, hatte unser Leben nirgendwo hingeführt.

Gott sagte: »Was macht ihr hier?«

Wir antworteten: »Eigentlich wissen wir das nicht. Wir sind einfach da.«

Und Gott sagte: »Ich nehme euch hinein. Ihr werdet zu mir gehören. Ihr folgt mir nach und ich gebe euch, was recht ist.«

Ich plane, den Rest meines Lebens damit zu verbringen, glücklich zu sein, dass Gott mich liebt, dass er mir vergeben hat und dass er mich zu seinem Eigentum gemacht hat. Ist das zu simpel? Ich bin glücklich. Gott ist gut. Ich habe so viel, wofür ich dankbar sein kann.

Wenn es gerade gut läuft – du weißt schon, wenn wir nett zu anderen waren und nicht sehr viel gesündigt haben und in der Bibel lesen und sogar einiges darin unterstreichen –, ist es verlockend, in Begriffen von Verdienst zu denken.

Gib dieser Versuchung nicht nach. Was wir verdienen, ist so viel weniger als das, was er uns geben will. Warum sollten wir auf dem bestehen, was wir verdienen?

Die Arbeit in Gottes Weinberg soll übrigens keine Metapher dafür sein, wie schwer es ist, Gott nachzufolgen. Eigentlich sagt Jesus das Gegenteil: dass es bei der Nachfolge um seine Großzügigkeit und Gnade geht, nicht darum, was wir tun oder nicht tun. Es ist eine Freude, Gott nachzufolgen. Es ist bereichernd, ihm zu gehorchen. Seine Güte für uns geht weit über das hinaus, was wir erarbeiten oder verdienen könnten.

Wir treten mit Gott gemäß seinem reichen Maß an Gnade und Großzügigkeit in Verbindung. Wir müssen uns keine Gedanken darüber machen, ob wir genügen oder ob wir hart genug arbeiten, um ihm zu gefallen. Wir müssen uns keinen Stress wegen unserer Zukunft machen. Wir müssen unsere Energie nicht damit verschwenden, andere Menschen zu beneiden. Wir können einfach Gott genießen, Gott vertrauen und Gott lieben.

Das wird übrigens völlig verändern, wie wir mit anderen in Beziehung treten. Es wird zu tollen Freundschaften führen. Wenn wir Gott vertrauen, dass er uns das gibt, was recht ist, können wir uns an den guten Dingen freuen, die Gott für andere tut. Da fangen wir wirklich an, das Leben zu genießen. Anstatt dich zu beschweren, dass du nur eine Katze und Bill einen Escalade bekommen hat, nimm deine Katze mit auf die Spritztour in Bills Escalade.

In Epheser 3,20-21 steht: »Durch die mächtige Kraft, die in uns wirkt, kann Gott unendlich viel mehr tun, als wir je bitten oder auch nur hoffen würden. Ihm gehört alle Ehre in der Gemeinde und durch Christus Jesus für alle Zeit und Ewigkeit.« In dieser Stelle stecken mehr Superlative, als die Polizei erlaubt.

Ich will einem Gott nachfolgen, der mich über das hinaus segnet, was ich mir ausdenken könnte. Er kennt mich besser als ich mich selbst. Er liebt mich mehr als ich mich selbst. Er sieht jede Kleinigkeit meiner Vergangenheit, Gegenwart und Zukunft und er sorgt für mich.

Meine Beziehung zu Gott beruht nicht auf einem Vertrag. Meine Beziehung beruht nicht auf dem, was ich verdiene. Ich lasse einfach zu, dass er mich aus seiner unendlichen Güte und Gnade und Barmherzigkeit überrascht. Und ich weiß, dass ich über die Maßen mehr erhalten werde, als ich bitten, verstehen oder mir sogar vorstellen kann.

Das ist Beziehung. Das ist Freundschaft. Reduzieren wir es nicht auf einen rechtlichen Vertrag. Lasst uns offen, vertrauensvoll und glücklich bleiben.

8

Ein Passant

Wie man toll aussieht

Ich esse gerne Kohlenhydrate, darüber haben wir schon in Kapitel 4 gesprochen. Brot, Kuchen, Pasta, Chips – das sind super Nahrungsmittel. Das Tolle an Kohlenhydraten ist, dass sie immer funktionieren. Bei schlechter Laune können Kohlenhydrate dich wieder aufmuntern. Bei guter Laune kann man super mit ihnen feiern. Egal zu welcher Tageszeit. Frühstück, Mittagessen, Abendessen oder Mitternachtsimbiss – Kohlenhydrate passen immer perfekt.

Ich weiß, dass Fitnessgurus und Ärzte uns sagen, dass wir mit Kohlenhydraten vorsichtig umgehen sollen. Aber das will ich nicht. Mit Kohlenhydraten will ich leichtsinnig sein. Leider entspricht meine totale Versessenheit auf Kohlenhydrate meinem totalen Desinteresse an Sport. Darum lebe ich ständig in dem Spannungsfeld, dass ich Sport hasse und Kohlenhydrate liebe.

Ich habe festgestellt, dass ich vor dem Sport immer ächze, stöhne und mich darüber beschwere, dass ich mich anstrengen soll.

Übrigens, wenn ich »Sport« sage, meine ich damit dreißig Minuten auf dem Laufband. Ein zügiger Spaziergang. Bergauf. Bist du beeindruckt? Das ist meine Vorstellung von anstrengender, sportlicher Aktivität.

Aber wenn ich an Sport denke, ist meine erste Reaktion: »Ach, ich weiß nicht. Ich bin müde. Es ist Montag. Montag kommt nach Sonntag. Gestern habe ich sechs Mal gepredigt und jetzt will ich eine Verschnaufpause.«

Dann kommt Dienstag und ich sage: »Chelsea, wir haben heute Teamsitzung und ich habe einige andere Termine und Sitzungen. Ich muss meine Kräfte schonen.«

Mittwoch ist immer ein Reisetag, weil ich abends auf unserem Campus in Los Angeles predige. Also kann ich mittwochs keinen Sport machen.

Donnerstag? Nun, Donnerstag kommt nach Mittwoch und da brauche ich eine Pause, weil ich am Abend zuvor zwei Mal gepredigt habe.

Freitag ist Familientag. Da geht es nur um die Kinder. Sport zu treiben wäre egoistisch.

Samstag? Da bereite ich mich auf Sonntag vor.

Wie du sehen kannst, habe ich eine super Ausrede, um für den Rest meines Lebens keinen Sport zu treiben. Das ist genial.

Aber wenn ich dann doch aufs Laufband gehe und eine halbe Stunde mit einer Geschwindigkeit von 5,5 km/h laufe, bin ich total motiviert. Ich fühle mich fantastisch. Die Endorphine schießen ins Blut und ich sage: »Mann, fühle ich mich toll! Das mache ich jetzt jeden Tag.«

Kennst du den Typ, der will, dass jeder weiß, dass er Sport getrieben hat? Das wäre dann ich. Ich bin dieser Typ. Warum sollte ich denn sonst Sport treiben?

Ein Trainer fragte mich einmal: »Was sind deine Ziele?«

Ich sagte: »Toll aussehen! Ich wäre nicht hier, wenn man das mit Eisessen erreichen könnte. Ich will aussehen wie Wolverine.«

Er sagte. »Was ist mit deiner Gesundheit?«

»Ich glaube, Wolverine ist ziemlich gesund. So sehe ich das jedenfalls.«

Am Tag nach dem Fitnessstudio twitterte ich: »Ich habe Sport gemacht.« Wirklich? Wer macht so was? Dann kam ich nach Hause und zeigte den Kindern meine Muskeln und fragte meinen Sohn: »Zion, willst du auch mal solche haben?«

Er sagte: »Du hast da so viele Haare drauf, Papa.«

Ich liebe Sport – danach. Aber davor hasse ich ihn und währenddessen noch viel mehr. Warum ist das so?

Bei Kohlenhydraten gilt das komplette Gegenteil. Ich liebe sie vor dem Essen und währenddessen noch viel mehr. Aber danach? Dann stellen sich unverzüglich Reue und Schuldgefühle ein. »Oh, hätte ich nur nicht im Restaurant gegessen. Ich hasse es. Ich hasse mein Leben. Ich fühl mich so aufgebläht.«

Manchmal bete ich: »Gott, warum musstest du es so einrichten, dass alles, was toll schmeckt, dick macht, und alles, was schrecklich schmeckt, gut ist für die Figur. Warum, Gott, warum?«

Ich versteh's nicht.

Nimm dein Kreuz auf dich

Worauf ich mit meinem Bekenntnis und meinem Zetern hinaus will: Das Leben ist paradox. Oft ist es so, dass sich das, was wir wirklich wollen, erst dann einstellt, wenn wir das tun, was wir eigentlich nicht tun wollen.

Das bringt uns zurück zu Markus, Kapitel 8, Verse 34-37. Wir haben die Stelle schon mal gelesen, als es darum ging, was es heißt, sich selbst zu verleugnen. Jetzt will ich mir ansehen, was es heißt, sein Kreuz auf sich zu nehmen.

Dann rief er seine Jünger und die Menge zu sich. »Wenn jemand mir nachfolgen will«, sagte er, »muss er sich selbst verleugnen, sein Kreuz auf sich nehmen und mir nachfolgen. Denn wer versucht, sein Leben zu bewahren, wird es verlieren. Wer aber sein Leben um meinetwillen und um der guten Botschaft willen verliert, wird es retten. Was nützt es einem Menschen, wenn er die ganze Welt gewinnt, dabei aber seine Seele verliert? Gibt es etwas Wertvolleres als die Seele?

Jesus lädt uns ein zu leben. Die Einladung bezieht sich auf echtes Leben: nicht einfach nur zu existieren oder zu atmen, sondern darauf, das Leben so zu leben, wie es gedacht war. Aber seine Einladung dafür ist paradox. Gottes Einladung zum Leben kommt durch den Tod.

Dein Kreuz aufzunehmen ist ein drastisches Bild. Heute sehen wir Kreuze gerne als nette und niedliche religiöse Symbole an. Aber weder das alte Israel noch irgendein anderes Volk, das von den Römern besiegt wurde, sah das Kreuz so. Die Römer nutzten Kreuze, um Verbrecher und Andersdenkende öffentlich hinzurichten. Sie waren Folterinstrumente. Sie standen für Demütigung, Schmerz, Leiden und Tod. Wenn Jesus also sagte: »Nehmt euer Kreuz auf«, hatten die Menschen sofort ein Bild vor ihrem geistigen Auge. Und das war kein schönes.

Wir reagieren oft genauso. Manchmal denken wir, Jesus würde uns sagen, dass ihm zu folgen aus Demütigung, Schmerz und Leiden besteht. Dass es darin besteht, dass wir nie glücklich sein und nie Kohlenhydrate essen werden. *In diesem Leben geht es nur ums Leiden,* denken manche, *aber wenigstens im Himmel werde ich glücklich sein.*

Das ist nicht sehr ermutigend. Bedeutet Jesus nachzufolgen nur Kreuz und Verlust?

Versteh mich nicht falsch. Ich weiß, es gibt schwere Zeiten im Leben, und ich weiß, dass es nicht immer einfach ist, Jesus nachzufolgen. Ich verspreche niemandem, dass er ein schmerzfreies und problemloses Leben haben wird, wenn er Jesus nachfolgt. Aber ich glaube nicht, dass Jesus sagt, dass das Leben in seinem Dienst immer schrecklich sein würde. Eigentlich lädt er uns zu einem Leben im Überfluss ein, sowohl hier auf diesem Planeten als auch in der Ewigkeit.

Zugänglich wird uns dieses Leben im Überfluss, wenn wir die Kontrolle abgeben. In dieser Bibelstelle geht es nicht darum, was wir für Jesus tun: es geht darum, was er für uns tut, wenn wir ihm völlig vertrauen. Anders ausgedrückt: Es geht nicht so sehr um heldenhafte Selbstverleugnung, sondern vielmehr darum, dass Jesus uns ins Leben führt. Er ist hier der Held, nicht wir. Wir folgen ihm, weil er die Quelle des Lebens ist.

Wenn ich das so betrachte, fällt es schwer, das ein Opfer zu nennen. Jesus zu folgen ist die beste Entscheidung, die wir treffen können.

Es ist interessant, dass Jesus nicht über *sein eigenes* Kreuz spricht; er meint *unser* Kreuz. Es ist unser Kreuz, weil wir es verdienen. In der Bibel steht, wir haben gesündigt, und die Strafe für die Sünde ist der Tod.

Noch wesentlich interessanter ist, dass Jesus nicht sagte, *sterbt* an eurem Kreuz; er sagte *nehmt* bzw. tragt euer Kreuz. Wir sterben nicht an unseren Kreuzen, zumindest nicht in dem Sinne, dass wir daran für unsere Sünden bezahlen, denn Jesus starb an unserer Stelle am Kreuz.

Wenn wir unsere Kreuze tragen – wenn wir uns entscheiden, Jesus zu vertrauen und ihm nachzufolgen –, kommen wir in den Genuss der Segnungen des Kreuzes. Er trug sein Kreuz und starb daran, damit ich richtig frei sein kann.

Jesus ermutigt uns dazu, dass wir uns mit seinem Tod und seiner Auferstehung identifizieren, denn das ist die Quelle eines erfüllenden Lebens im Überfluss. Er lädt uns dazu ein, uns nicht auf uns selbst, sondern auf ihn zu konzentrieren. Er bittet uns darum, unser Leben zu verlieren, und zwar in dem Sinne, dass wir derart in ihn eingehüllt werden, dass wir nicht mehr über unsere Bedürfnisse und Wünsche nachgrübeln.

Der christliche Missionar Jim Elliot, der im Dschungel des Amazonas sein Leben für das Evangelium gab, sagte Folgendes: »Der ist kein Tor, der hingibt, was er nicht behalten kann, auf dass er gewinne, was er nicht verlieren kann.«[2]

Wenn wir begreifen, dass Jesus die Quelle des Lebens ist, ist es nicht schwer, ihm zu vertrauen, ihm zu folgen oder sogar für ihn zu sterben.

Todesweg

Die Menschen, die Jesus damals zuhörten, haben mit den Worten, das *Kreuz auf sich zu nehmen*, eine römische Tradition in Verbindung gebracht, die oft auch Todesweg genannt wurde. Dabei musste ein zur Kreuzigung verurteilter Verbrecher sein eigenes Kreuz zu dem Ort seiner Hinrichtung tragen. Der Weg dorthin war von Menschenmengen gesäumt, weil Kreuzigungen ein öffentliches Spektakel waren.

---

2 Jim Elliot, Zitat aus: Elisabeth Elliott, *Im Schatten des Allmächtigen*, SCM R. Brockhaus, [5]2008, S. 8.

Der verurteilte Verbrecher nahm den Holzbalken auf seine Schultern und schleppte ihn diesen Weg des Hohns entlang und wurde dabei von der lärmenden Menge angespuckt, mit Dingen beworfen und verspottet.

Wenn der Verbrecher aufgrund der vorherigen Folter, die er erlitten hatte, nicht dazu in der Lage war, das Kreuz selbst zu tragen, zwangen die römischen Beamten, die die Hinrichtung durchführten, manchmal einen unschuldigen Zuschauer, das Kreuz zu tragen.

Jesus trug sein Kreuz nicht selbst. Sein Kreuz wurde von einem Unschuldigen getragen, einem Passanten, der willkürlich ausgewählt und – ob es ihm passte oder nicht – gezwungen wurde, Jesu Kreuz zu tragen. Sein Name war Simon.

Ich glaube, die Einzelheiten stehen alle ganz bewusst in der Bibel. In dieser Geschichte ist der Punkt, an dem Simon den Todesweg Jesu kreuzt, ein schönes Bild dafür, was es für uns heißt, unser Kreuz auf uns zu nehmen. Markus beschreibt die Szene in Kapitel 15, Verse 20-22:

Als sie genug davon hatten, ihn zu verspotten, zogen sie ihm das Purpurgewand wieder aus und zogen ihm seine eigenen Kleider an. Dann führten sie ihn ab, um ihn zu kreuzigen. Ein Mann – er hieß Simon und stammte aus Kyrene –, kam gerade von den Feldern zurück. Ihn zwangen sie, für Jesus das Kreuz zu tragen. (Simon ist der Vater von Alexander und Rufus.) Sie brachten Jesus an einen Ort, der Golgatha heißt, das bedeutet »Schädelstätte«.

Viel wissen wir von Simon nicht. Durch diese Begebenheit, die in drei der vier Evangelien berichtet wird, erlangte er in der Bibel

Berühmtheit. Aber es gibt genügend Einzelheiten über ihn, damit wir uns selbst in der Geschichte wiederfinden können.

Was wir wissen, ist, dass Simon aus Kyrene in Nordafrika stammt. Wahrscheinlich ist er wegen des Passahfestes und aus geschäftlichen Gründen in der Stadt. Als die Geschichte beginnt, ist er auf seinem Weg in die Stadt. Wahrscheinlich plant er, Geschäfte zu machen, das Fest zu feiern und dann nach Hause zurückzukehren. In Simons Terminplan war kein Zwischenhalt vorgesehen, um bei der Kreuzigung Jesu zuzusehen. Er ist ein Passant.

Plötzlich hört er einen Ruf.

»Du da! Komm her! Trag dieses Kreuz«, sagt ein römischer Beamter zu Simon.

Was? Ich? denkt Simon. *Meint ihr das ernst? Ich habe keine Zeit dafür.*

»Jawohl«, antwortet er. Er hat keine Wahl. Er wagt es nicht, einem römischen Beamten zu widersprechen.

Simon denkt wahrscheinlich: *Machst du Witze? Das passt mir jetzt ganz und gar nicht. Wer ist dieser verstümmelte, geschlagene Mann? Ganz offensichtlich hat er Unrecht getan. Er verdient das. Er wird gehasst und verachtet.*

Die römischen Soldaten hieven das Kreuz auf Simons Schulter. Er trägt dieses raue, schwere Symbol für Verbrechen und Tod und denkt: *Ich habe keine Zeit dafür.*

Er geht zwischen den Menschenreihen hindurch, die Jesus anspucken, verfluchen und verspotten. Ich wüsste, was ich an seiner Stelle gedacht hätte. *Hey, ich kenne den Typ noch nicht einmal. Spuckt mich nicht an. Bewerft mich nicht. Ich bin nur ein Geschäftsmann. Ich komme aus Afrika und bin gerade in der Stadt. Ich verdiene es nicht, ein Kreuz zu tragen. Ich bin unschuldig.*

Simon erkennt nicht, dass diese Unterbrechung, dieses Ärgernis sich als eines der höchsten Vorrechte der Menschheitsgeschichte herausstellen wird. Er ist nur ein Passant, aber er hat die Ehre, der Mann zu sein, der für den Retter der Welt das Kreuz getragen hat.

Was für ihn ein Ärgernis ist, wird Teil des Ereignisses, das die Weltgeschichte veränderte.

Wir mögen unsere Terminpläne, nicht wahr? Und Terminpläne sind wichtig. Wir müssen planen, wir müssen haushalten und wir müssen uns vorbereiten. Aber Gottes Unterbrechungen sind oft die bedeutungsvollsten Augenblicke unseres Lebens.

Ich glaube, wenn Jesus uns dazu einlädt, unser Kreuz auf uns zu nehmen, steht dahinter teilweise auch das Folgende: Wir sollen lernen, ihm mit unseren Zeitplänen, Vorhaben, Prioritäten und Zielen zu vertrauen.

Wir können so versessen sein auf die lustigen kleinen Pläne, die wir machen. Wir müssen lernen, Gottes Unterbrechungen willkommen zu heißen, denn seine Unterbrechungen und Unbequemlichkeiten sind die Tore zum wahren Leben.

In Sprüche 16,9 steht: »Ein Mensch kann seinen Weg planen, seine Schritte aber lenkt der Herr.« Es ist gut und weise und vernünftig, Pläne zu machen, aber wir müssen uns bewusst sein, dass unser Leben Teil eines größeren Ganzen ist. Simon hatte keine Vorstellung davon, wie gewaltig das war, was sich gerade vor seinen Augen abspielte. Er hatte keine Ahnung, dass sein unerwarteter und unplanmäßiger Halt eine Rolle für die Rettung der Menschheit spielen würde. Aus seiner Sicht war es ein Ärgernis. Aus historischer Sicht war es seine größte Leistung.

Die Bibel berichtet nicht, was nach diesem Vorfall mit Simon geschah. Interessanterweise werden in dieser Stelle seine zwei Kinder Rufus und Alexander erwähnt. Warum? Einige Gelehrte glauben, dass diese beiden jungen Männer wohlbekannte Personen in der christlichen Gemeinschaft waren, an die Markus schrieb.

Wenn dem so ist, dann könnte dies ein entscheidender Moment auf ihrem geistlichen Weg gewesen sein. Es ist wahrscheinlich, dass Simon und seine Söhne letztlich erkannten, dass der Mann, der willkürlich ihren Terminplan durchkreuzte, der Retter der Menschheit war.

Stell dir mal vor, welche Geschichten Simon seinen Kindern, Enkeln und Urenkeln erzählen konnte: »Weißt du, ich bin dabei gewesen. Ich bin mit ihm gegangen und habe ihn beobachtet.«

»Echt, Opa? Wie war das?«

»Zuerst war mir nicht klar, wer er war. Ich hatte nur meine eigenen Angelegenheiten im Kopf, als Jesus plötzlich vor mir stand. Er schaute mich an. Er sagte meinen Namen. Ich habe noch in keinen Augen solche Liebe gesehen. Er war auf dem Weg, für mich zu sterben, und ich durfte ihm helfen, das Kreuz zu tragen. Was für eine Ehre! Was für ein Vorrecht! Dieser Tag hat mein Leben für immer verändert.«

Gott ist dabei, der Menschheit zu helfen. Er bezog Simon mit in die Geschichte ein und er will auch dich und mich miteinbeziehen. Wir haben das Vorrecht, Teil einer Sache zu sein, die viel größer ist als wir selbst.

Klar, wir haben Terminpläne und Aufgaben; aber Jesus sollte in all dem am wichtigsten sein. Vertraue ihm, dass er dich führt. Die Unterbrechungen und Unbequemlichkeiten unserer Zeit könnten viel bedeutender sein, als uns bewusst ist.

Wir sind auf Jesus versessen. Wir beschäftigen uns ganz mit ihm. Wir können ihm überallhin folgen. Wir können ihm vorbehaltlos vertrauen.

Gott ist real und er will, dass du das Leben findest. Wie? Verliere dich in seiner Schönheit. Verliere dich in der Herrlichkeit dessen, was er für dich getan hat. Denn in dieser Dimension entdecken wir, was es heißt, wirklich zu leben.

LEBEN IST, *mit Gott und sich selbst Frieden zu haben.*

Ich glaube, ich übertreibe nicht, wenn ich sage, dass Frieden eines der tiefsten und grundlegendsten menschlichen Bedürfnisse ist. Wir suchen nach Frieden für unsere Gefühle, Frieden in unseren Gedanken, Frieden in unseren Umständen und Frieden in unseren Beziehungen. Wir sehnen uns nach Stabilität und Beständigkeit in einer Welt, die so oft vom Chaos gekennzeichnet ist.

Obwohl sich unsere Kultur anscheinend auf Ablenkung und hektische Terminpläne spezialisiert hat, ist die Suche nach Frieden schon viel, viel älter. Darum hatte Jesus viel darüber zu sagen.

Jesus lebte ein echtes Leben mit echten Menschen, die echte Bedürfnisse hatten. Diese Menschen hatten dieselben Marotten und Versuchungen und Belastungen wie wir heute. Es gab zwar die Begriffe Zwangsneurose und ADHS noch nicht und die Menschen trugen lange Gewänder anstatt hautenger Jeans und hätten sich nie träumen lassen, dass es einmal fließendes Wasser oder horrende Preise für eine Tasse Kaffee geben würde – aber sie waren Menschen wie du und ich.

Wenn Jesus also lehrte, waren seine Worte nicht nur nette geistliche Phrasen. Sie waren Echtzeit-Antworten auf die Bedürfnisse der Menschheit. Sie waren Leben und sie waren Weisheit. In unserer komplexen und oft verwirrenden Kultur findet der Weg zum Frieden, von dem Jesus sprach, mehr Anklang denn je.

9

Viele Dinge

Das Viele-Dinge-Syndrom

Eine meiner Lieblingsszenen, in denen Jesus erklärt, wie man Frieden findet, steht im Lukasevangelium, Kapitel 10. Sie spielt im Haus von Maria, Marta und Lazarus, die ich schon weiter vorne im Buch erwähnt habe. Diese drei Geschwister gehörten zu den engsten Freunden, die Jesus während seiner Jahre hier auf der Erde hatte.

In der Geschichte ertappen wir Maria und Marta bei Geschwisterrivalitäten.

Auf ihrer Weiterreise kam Jesus in ein Dorf, wo ihn eine Frau mit Namen Marta in ihr Haus einlud. Sie hatte eine Schwester, die Maria hieß. Maria setzte sich dem Herrn zu Füßen und hörte ihm zu. Marta dagegen war sehr mit der Vorbereitung des Essens beschäftigt. Schließlich stellte sie sich vor Jesus hin. »Herr«, sagte sie, »findest du es richtig, dass meine Schwester mich die ganze Arbeit allein tun lässt? Sag ihr doch, sie soll mir helfen!« »Aber Marta«, entgegnete ihr Jesus, »Marta, du bist beunruhigt und machst dir Sorgen um so viele Dinge! Notwendig ist aber nur eins. Maria hat das Bessere gewählt, und das soll ihr nicht genommen werden.« (Verse 38-42 NEÜ)

Ich weiß nicht, wie das bei dir ist, aber ich kann mich gut mit Marta identifizieren. Nicht dass ich gut kochen könnte oder gerne Hausarbeit mache – ich kann mich mit ihr identifizieren, wenn es um die Ablenkung geht. Du vielleicht auch. Marta ist wie die meisten von uns: sie ist Meister darin, beschäftigt, gestresst und überlastet zu sein.

Mein Telefon ist der Situation sicherlich nicht zuträglich, wie ich schon gebeichtet habe. Ich kann aufwachen, mein Telefon schnappen und dann meine iMessages, SMS, Voicemails, E-Mails, Twitter, Instagram, Facebook, Vine, Pinterest, YouTube, Snapchat, Skype, Google Plus und vielleicht sogar MySpace checken. Und noch Siri Hallo sagen. All das kann ich tun, bevor ich mich mit körperlich anwesenden Menschen auseinandersetze.

Wir alle werden mit Ablenkungen konfrontiert. Das Leben ist schnell und wild. Neue Technologien, neue Kommunikationsformen und soziale Medien haben uns auf eine neue Ebene des Lebens, Denkens und Kommunizierens gebracht.

Ich habe Freunde, die schon fast beleidigt sind, wenn ich nicht innerhalb eines angemessenen fünf-Minuten-Fensters auf ihre SMS antworte. Das ist die heutige Erwartung. Sie sagen dann so was wie: »Du hast sieben Minuten gebraucht, um auf meine SMS zu antworten. Sind wir noch Freunde?«

Ich bin nicht gegen Technologie. Ich bin nicht gegen Großstadtleben. Ich bin nicht gegen Hobbys oder Spaß oder Facebook oder irgendetwas in der Art. Aber unser Lebensstil und unsere

Kultur können uns leicht zu einer Verfassung führen, die ich das Viele-Dinge-Syndrom nenne.

Jesus sagte zu Marta, sie sei besorgt und beunruhigt um *viele Dinge*, aber Maria habe irgendwie *eins* entdeckt, auf das es ankommt. Marta war besorgt um viele Dinge, weil sie nicht auf das eine konzentriert war. Würde Marta lernen, dieser einen Sache ihren angemessen Platz und Priorität zu geben, würden sich die vielen Dinge von selbst erledigen.

Es ist viel zu leicht für uns, mit dem Viele-Dinge-Syndrom zu leben. Unser Leben ist vollgestopft. Essen, schlafen und arbeiten sind nur Teile davon. Die restlichen Stunden sind vollgepackt mit Geburtstagsfeiern, Referaten, Gartenarbeit, Urlaub, Schulfesten und Autoreparaturen.

Mein Sohn hatte vor einer Weile Kindergartenabschluss und der Kindergarten organisierte eine waschechte Abschlussfeier mit Doktorhüten und Talaren. Sie dauerte mindestens acht Stunden. Hinzu kam, dass wir noch unsere eigene persönliche Feier hatten. Ich liebe meinen Sohn, und er sah in seinem Aufzug toll aus – aber irgendwann ertappte ich mich bei der Frage: *Was soll das? Was feiern wir hier? Du kannst im Kindergarten doch noch nicht einmal sitzenbleiben. Brauchen wir wirklich noch so eine Feier?*

Doch das ist die Welt, in der wir leben. Eine unaufhörliche Abfolge von Terminen und Planungen und Doppel- oder Dreifachbuchungen. Unsere Helden sind die, die es schaffen, gleichzeitig alle Bälle zu jonglieren, alle Teller zu balancieren, alle Hula-Hoop-Reifen am Drehen zu halten und dabei auch noch Witze zu erzählen. Das sind die Erfolgreichen. Die soll man bewundern und nachahmen.

Also quasseln wir in unsere Freisprechanlagen, während wir durch den Berufsverkehr manövrieren, einen Chai-Latte nach dem anderen trinken und uns dabei Motivations-CDs über Multitasking und Hochgeschwindigkeitslesen anhören. Und dann beschweren wir uns über Kopfschmerzen.

Das Ironische daran ist, dass vieles von dem, was wir tun, eigentlich Spaß macht, oder zumindest machen würde, wenn wir uns genug entspannen könnten, um es zu genießen. Hoffentlich genießt du deinen Beruf und glaubst an das, was du tust. Hoffentlich liebst du deine Sprösslinge und magst sie (meistens) sogar auch noch. Hoffentlich hast du genug Geld für gutes Essen und um in den Urlaub fahren zu können.

Das Leben ist toll. Es ist nur manchmal so schnell, dass wir vergessen, es zu genießen.

Ich will damit nicht sagen, dass unsere Betriebsamkeit allein unserer eigenen Entscheidung unterliegt. Oft ist sie die Folge von Umständen, die sich unserer Kontrolle entziehen. Vielleicht ist das gerade jetzt der Fall: Du bist gefangen in einem Labyrinth von harter Arbeit und schweren Entscheidungen. Frieden ist schwer fassbar, nicht weil dein Terminkalender voller Kindergeburtstage, Maniküren und Golfspiele ist, sondern weil du einfach nur überleben willst. Das Leben ist für dich eine Abfolge von Stürmen, die dich erschöpft und müde gemacht haben.

Egal was die »vielen Dinge« sein könnten, die um deine Aufmerksamkeit buhlen: Jesus ist das eine, auf das es wirklich ankommt. Ich weiß nicht, was deine vielen Dinge sind, aber ich kann dir versprechen, dass Jesus es weiß. Und er will jedem von uns Frieden geben – mit uns selbst und mit ihm –, der uns für immer verändert.

Märtyrerin Marta

Lasst uns die gerade gelesene Geschichte näher ansehen. Beim ersten Hören von Martas Beschwerde können die meisten von uns sie völlig verstehen. Unsere anfängliche Reaktion ist, Marta Recht zu geben. Marta ist fleißig. Sie schultert ihren Teil der Last. Sie packt die Dinge an und erledigt sie.

Aber Maria? Maria ist ein Faulpelz. Maria ist eine Schmarotzerin. Sie sitzt herum, obwohl es genug zu tun gibt.

Achte darauf, es ist nicht falsch, was Marta tut. Eigentlich tut sie genau das, was von ihr erwartet wird. Marta ist die ältere Schwester. Sie ist die Hausherrin. In dieser Kultur ist sie diejenige, von der erwartet wird, dass sie ihren Gästen ein Umfeld der Ruhe schafft. Sie ist einfach nur eine gute Gastgeberin. Sie tut das, was ihre Aufgabe ist.

Ich glaube, dass Jesus hier sagt: Das, was von uns erwartet wird, ist nicht unbedingt auch das, was wir aus Gottes Sicht tun sollen. Jesus will Marta gegenüber andeuten: »Ich weiß, was du tun solltest, aber manchmal musst du aufhören, irgendetwas zu tun, und einfach mit mir zusammen sein.«

Marta tut, was sie kann. Sie tut, was sie tun soll. Manchmal hörst du Menschen sagen: »Tu einfach, was du kannst. Das ist alles, was du tun kannst. Tu was du kannst und lass Gott den Rest übernehmen.«

Aber manchmal geht es gar nicht darum, überhaupt etwas zu *tun*. Es geht darum, mit Gott zusammen zu sein, Gott zu genießen und Frieden mit Gott zu haben.

Es ist witzig: Marta regt sich auf, weil Maria sich durch Jesus von ihren Pflichten ablenken lässt. Aber Marta lässt sich durch ihre Pflichten von Jesus ablenken. Jesus sagt etwas Tiefsinniges –

das, wovon wir uns ablenken lassen, sagt viel über unser Wertesystem aus.

Viele Dinge werben lautstark um unsere Aufmerksamkeit. Was lenkt uns ab? Was steht in unserem Fokus? Was erregt unsere Aufmerksamkeit? Sind es unsere To-do-Listen? Sind es unsere unbeantworteten SMS und Voicemails?

Oder ist es Jesus?

Durch Betriebsamkeit fühlen wir uns wichtig. Wir fühlen uns gebraucht. Martyrium erscheint sehr edel. Schließlich muss ja jemand verantwortungsbewusst sein, die Dinge organisieren, am Steuer sitzen. Irgendjemand muss die letzte Verantwortung haben. Es fühlt sich so gut an, derjenige zu sein, der das Weltall zusammenhält.

Versteh mich nicht falsch. Verantwortung und Fleiß sind wichtig. Es ist wichtig, Dinge vorauszuplanen und sich zu eigen zu machen. Aber wenn das eine nicht im Zentrum steht, dann werden die vielen Dinge uns aufzehren. Wir werden uns wie Marta dabei ertappen, dass wir besorgt und beunruhigt sind.

Wir können das Viele-Dinge-Syndrom nicht einfach beheben, indem wir uns zur Ruhe bringen oder uns disziplinieren. Ich weiß es, denn ich habe es versucht. Du vielleicht auch schon.

Vielleicht hast du am Morgen oder spät am Abend ein wenig Zeit allein. Du beschließt zu beten und einfach Gott zu genießen. Aber in dem Augenblick, in dem du endlich still wirst und zur Ruhe kommst, kommen all die Gedanken daher, die du schon lang vergessen hattest, die Dinge, die du tun musst, die Menschen, denen du antworten musst, die Entscheidungen, die du treffen musst.

»Ich muss – oh, Mist – ich habe das vergessen – oh, und ich muss auch noch das …« Und da bist du nun. Du hattest dir vorgenommen, Gott zu genießen, und nach fünf Minuten hast du eine Liste von Dingen, die zu tun sind.

Was sollen wir tun? Wie überwinden wir diese Neigung? Was ist die Antwort? Nicht, dass wir unsere offenen Projekte und Pflichten ignorieren. Nicht, dass wir alles verkaufen und uns eine Hütte in Montana kaufen. Ich bin kein Verfechter eines Lebensstils der Ignoranz oder Verantwortungslosigkeit.

Das eigentliche Problem ist nicht, dass viel bei uns los ist. Es sind vielmehr die Einstellungen, die diese Dinge in uns erzeugen: Betriebsamkeit, Dringlichkeit, Angst, Sorge und Stress. Und das Gegenmittel ist der Friede, den Gott uns gibt.

Wenn wir Gottes Frieden haben, werden die Prioritäten klar. Wir sehen alles deutlicher. Wir erkennen, was wichtig, was dringend, was unnötig und was ablenkend ist.

Der Schlüssel, um die Ablenkungen des Lebens zu bewältigen, liegt darin, sich auf Jesus, die Quelle des Friedens zu konzentrieren. Wie Maria zu seinen Füßen zu sitzen. Sein Herz zu hören, seine Liebe zu kennen, seine Prioritäten zu verstehen. Den Frieden zu empfangen, den er bringt.

Schalom.

Kurz vor seinem Tod gab Jesus seinen Jüngern ein Abschiedsgeschenk, das Geschenk des Friedens. Im vierzehnten Kapitel des Johannesevangeliums lesen wir: »Frieden hinterlasse ich euch; meinen Frieden gebe ich euch. Nicht wie die Welt gibt, gebe ich euch; euer Herz erschrecke nicht und verzage nicht!« (Vers 27 SLT).

Beachte, dass er es zweimal erwähnt: »Frieden hinterlasse ich euch; meinen Frieden gebe ich euch.« Jesus wollte das betonen. Er wollte seinen Jüngern sagen: »Jungs, hört zu. Das ist wichtig. Ihr braucht meinen Frieden und jetzt ist er verfügbar.«

Während derselben Unterhaltung sagte Jesus den Jüngern, dass er bald in den Himmel zurückkehren würde. Wenn ich einer dieser Jungs gewesen wäre und gerade gehört hätte, dass mein Held und Mentor verschwinden würde – ich bin mir nicht sicher, ob ich von diesem Abschiedsgeschenk so begeistert gewesen wäre. Ich hätte gesagt: »Frieden? Ich glaube, das reicht nicht. Dadurch fühle ich mich hier nicht besser. Könnten wir nicht etwas … Handfesteres bekommen?«

Wenn wir es gewöhnt sind, Dinge zu lösen, zu regeln und herzustellen, dann kann Friede ein bisschen kümmerlich wirken. So verantwortungslos. Vielleicht sogar langweilig.

Für uns bedeutet Frieden normalerweise Stille – vielleicht ein ruhiger See, ein Kanu und ein gutes Buch. Oder vielleicht auch kein Kanu. Kanus könnten umkippen. Du weißt schon, was ich meine. Für uns bedeutet Frieden fröhliche Gedanken, Glücksgefühle, fehlende Konflikte, fehlende Aktivität, Ruhe.

Aber der Friede, den Jesus gibt, ist »nicht wie die Welt gibt«. Anders ausgedrückt, er ist nicht der typische Friede, den man sich so vorstellt, Kanus hin oder her.

Der Friede, den Jesus gibt, ist weitaus solider, effektiver und aktiver als der Friede dieser Welt. Er ist tief, umfassend und dauerhaft. Er bleibt bei uns, ungeachtet unserer äußeren Umstände. Er ist realer und stärker als die Höhen und Tiefen des Lebens.

Jesus bezieht sich in seiner Lehre auf ein bestimmtes und unglaublich ergreifendes hebräisches Wort, für das wir in unserer Sprache kein Pendant haben: *Schalom.* »Friede« ist die bestmögliche Übersetzung, die wir dafür haben, aber sie wird *Schalom* nicht annähernd gerecht.

Vielleicht hast du das Wort *Schalom* schon einmal gehört. Vielleicht hast du einen Christen oder einen Juden es sagen hören. Es wird oft zur Begrüßung oder zum Abschied verwendet. In der hebräischen Sprache ist *Schalom* ein außergewöhnlicher Begriff.

Schalom bedeutet Ruhe und Frieden, aber es bedeutet auch Ganzheit, Unversehrtheit, Vollständigkeit, Wohlstand, Gesundheit. Das geht weit über ein warmes Gefühl in deinem Herzen hinaus. Es bezieht sich auf völliges, umfassendes Wohlergehen.

Gottes Friede ist zuallererst Friede mit ihm – ein inneres, geistliches Wohlbefinden, das wiederum die Grundlage für Frieden in jedem anderen Bereich ist. Wenn wir Frieden haben mit Gott, können wir Frieden mit uns selbst, mit anderen und sogar mitten in den Turbulenzen des Lebens finden.

Es ist wichtig, dass uns bewusst wird, dass Jesus eine massive theologische Aussage traf, als er seinen Jüngern sagte, er würde ihnen Schalom hinterlassen. Das war kein oberflächliches »Peace, Jungs. Bis bald.« Jesus leitete eine neue Art der Beziehung mit Gott ein.

Wenn wir unter den Bedingungen des alttestamentlichen Gesetzes groß geworden wären, würden wir verstehen, dass Schalom erst dann kommt, wenn Gerechtigkeit herrscht. Man kam in den Genuss von Frieden, wenn man das Gesetz hielt.

Gott hatte Israel eine Liste von Gesetzen und Regeln gegeben, die sie vollkommen halten mussten, um mit ihm im Frieden zu leben. Die bekanntesten davon sind die Zehn Gebote. Wenn die Menschheit diese Regeln nicht einhielt, zerbrach die Beziehung mit Gott und der Friede ging verloren.

Es gab jedoch ein großes Problem dabei, weil die Menschheit nicht in der Lage war, alle Gebote vollkommen einzuhalten. Das bedeutete, dass es so gut wie gar keine Beziehung mit Gott gab. Israels Beziehung zu Gott beruhte auf einem komplizierten System aus Opfern, Ritualen und Gesetzen. Diese Lösung war nur vorübergehend und ungenügend. Sie konnte den Frieden zwischen Gott und den Menschen nicht völlig wiederherstellen.

Doch Gott hatte verheißen, dass er eines Tages einen Bund des Friedens mit seinem Volk schließen würde. Eines Tages würde der Friede wiederhergestellt werden. Im Buch Jesaja, Kapitel 54, verkündete Gott Israel: »Auch wenn Berge weichen und Hügel beben, soll meine Gnade nicht von dir gehen; und der Bund meines Friedens soll niemals wanken« (Vers 10).

Jesus sagte seinen Jüngern, dass dieser Bund des Friedens jetzt da sei. Sie könnten Schalom mit Gott und Schalom im Leben haben, nicht indem sie das Gesetz hielten, sondern durch Jesus.

Es ist unmöglich, die Bedeutung dieser Wahrheit überzubetonen. Friede – dieses grundlegende, schwer fassbare, allgemeine Bedürfnis der Menschheit – wird uns in der Person Jesu zurückgegeben. Die Zehn Gebote konnten und wollten uns nicht retten und werden es auch nie tun. Wir vertrauen auf Jesus, der für uns das getan hat, was wir selbst nicht für uns tun konnten. Wir verlassen uns völlig auf ihn – nicht auf unser Verhalten, nicht auf unsere Fähigkeiten, nicht auf unseren Hintergrund, nicht auf unsere Leistung. In seiner Leistung und Vollkommenheit finden wir Frieden. Die Gesetze wurden erfüllt. Die Akte wurde geschlossen. Unsere Gerechtigkeit ist aufgerichtet und der Friede wiederhergestellt.

Jesus ist der Weg zum Frieden mit Gott. Und das ist nicht nur ein vorübergehender, von Umständen abhängiger Friede. Das ist keine Waffenruhe, die nur so lange dauert, wie wir uns richtig verhalten. Das ist ein ewiger, umfassender, lebensverändernder Friede. Das ist Schalom mit Gott und das Geschenk Jesu an uns.

Friedensküsse

Die Bibel trifft in Psalm 85, Vers 11, eine erstaunliche Aussage über Gerechtigkeit und Schalom: »Liebe und Wahrheit haben sich verbündet. Gerechtigkeit und Frieden küssen sich!«

Die Psalmen waren ursprünglich Lieder, also sangen die Menschen jahrhundertelang dieses Lied darüber, wie sich Liebe und

Wahrheit verbünden und Gerechtigkeit und Frieden sich küssen, konnten sich aber nie vorstellen, wie das genau geschehen würde. Wie bei guter Indie-Musik war der Text zwar eingängig, aber unklar.

Was hatten Liebe und Wahrheit miteinander zu tun? Liebe war chaotisch, schwammig und emotional; Wahrheit war kalt, hart und sachlich. Die Wahrheit analysierte Versagen und forderte Gerechtigkeit. In der Wahrheit war kein Platz für Liebe. Die beiden waren Gegensätze, Feinde, Gegner im Ring.

Gerechtigkeit und Frieden hatten dieselbe zerbrochene Beziehung. Seit dem Garten Eden waren sie nicht mehr zusammen gesehen worden. Sie hatten sich noch nicht einmal E-Mails geschrieben. Ihr Handy-Klingelton war »We Are Never Ever Getting Back Together«, sie wollten also nie wieder zusammenkommen. Aber jetzt knutschen Gerechtigkeit und Frieden miteinander rum? Und Liebe und Wahrheit sind BFF? Was? Wann? Wie?

Des Rätsels Lösung ist Jesus. Er bringt sie in sich selbst zusammen. Jesus ist die Verkörperung von Liebe und Wahrheit. Jesus ist Gerechtigkeit und Frieden in Person.

Ohne Jesus haben wir keine Gerechtigkeit und darum keinen Schalom. Aber durch ihn können wir wahren Frieden erleben. Er ist sein Geschenk an uns. Wir haben geistlichen Frieden mit Gott und wir haben Frieden im Leben. Wir können die Fülle, Ganzheit und Vollständigkeit erleben, die Gott für uns schuf. Die Antwort auf Verdammnis, Schuld, Ablenkung, Sorge und Angst ist der Friede, der durch Jesus kommt.

Erinnerst du dich daran, was Jesus zu Marta sagte? »Du bist besorgt um viele Dinge.« Natürlich war sie das. Sie war eine gute Israelitin. Das war ihr Kennzeichen. Menschen, die Gott gefallen wollten, waren ständig damit beschäftigt, Gesetze, Regeln und Erwartungen zu erfüllen.

Dann kreuzte Jesus auf und sagte: »Ich werde alles verändern. Ich will nicht, dass ihr ein hektisches, besorgtes, unruhiges und ängstliches Leben führt. Ich leite ein neues Zeitalter ein, in dem einfach nur eins notwendig ist: mich zu genießen. Denn in mir haben sich Gerechtigkeit und Frieden geküsst. Liebe und Wahrheit haben sich verbündet. Ich kann für euch das tun, was fünfzehnhundert Jahre, in denen ihr versucht habt, das Gesetz zu erfüllen, nicht konnten. Setz dich einfach hin, Marta, und hör mir zu.«

Betriebsamkeit und Ablenkung sind Wirklichkeiten unserer heutigen Existenz. Doch wenn ich lese, dass ich Schalom haben kann, wird mir bewusst, dass mein Leben anders sein kann.

Paulus schreibt in 2. Korinther, Kapitel 5: »Denn er hat den, der von keiner Sünde wusste, für uns zur Sünde gemacht, damit wir in ihm [zur] Gerechtigkeit Gottes würden« (Vers 21 SLT). Wir sind gerecht durch den Glauben an Jesus und wir haben Frieden durch den Glauben an Jesus. Gerechtigkeit und Frieden passen zusammen. Wenn wir gerecht sind, haben wir Schalom. Wenn wir Schalom haben, dann nur weil wir gerecht sind.

In unserem Leben küsst die Gerechtigkeit den Frieden und der Frieden küsst die Gerechtigkeit. Wir wurden geküsst. Unser Leben ist jetzt sowohl von Gerechtigkeit als auch von Frieden gekennzeichnet, sowohl von Liebe als auch von Wahrheit. Es ist nicht entweder oder.

Ich weiß nicht, wie es dir geht, aber ich finde mich nicht sehr küssbar. Ich verdiene es nicht, von Gott geküsst zu werden. Ich habe es schon so oft vermasselt. Aber ich bin gerecht. Ich habe Schalom. Wie? Durch Gnade. Durch Jesus.

Wie hat der Vater in Lukas, Kapitel 15, seinen verlorenen Sohn begrüßt? Er küsste ihn. Nicht aufgrund dessen, was er getan hatte – er küsste ihn trotz alledem, was er getan hatte. Es ist das Bild eines neuen Zeitalters, einer neuen Art der Beziehung mit Gott, in der seine Annahme, seine Gunst, sein Friede, sein Segen, seine Liebe und Vergebung beständig auf uns sein werden, trotz unseres Verhaltens und unseres Eigensinns.

Wir werden immerzu geküsst. Warum? Weil Jesus unser Friede ist.

10

Gott in einer Krippe

Das werden sie nie wieder machen

Eltern sind edle, mutige Menschen, die viel Ehre verdienen. Und vielleicht ärztliche Hilfe.

Wer mehrere Kinder hat, verdient dabei besonderen Beifall. Um einen Vergleich aus dem Sport heranzuziehen: Eltern, die ein Kind haben, spielen ein Einer-gegen-zwei-Spiel. Das ist doppelte Deckung. Das ist ’ne super Sache. Das Kind hat keine Chance. Aber ein paar von uns haben ein zweites Kind bekommen und mussten dann auf Mann-gegen-Mann-Deckung umstellen. Das ist härter. Die Chancen sind ungefähr ausgeglichen. Und dann hatten ein paar wenige von uns den Mut zu drei oder noch mehr Kindern und unsere einzige Chance ist jetzt nur noch die Raumdeckung. Im Grunde ist alle Hoffnung verloren. Wir sind in der Minderzahl, ausgetrickst und an die Wand gespielt.

Chelsea und ich sind Eltern von drei Sprösslingen. Bei Eltern, die drei oder mehr menschliche Wesen hervorgebracht haben, habe ich durchgängig eine Eigenschaft festgestellt: Die Neigung zur Unempfindlichkeit. Das ist eine Tatsache. Wir stumpfen ab.

Ich kann dir das beweisen. Denk mal an Eltern mit nur einem Kind. Achte auf ihre Besorgnis, ihr Interesse, ihren Schutz. Sie sind wie zwei Bodyguards, die einen Promi flankieren. Jedes Bäuerchen ist ein Grund zum Feiern. Andere Laute auch.

Unser ältester Sohn Zion war eine Frühgeburt und musste zwei Wochen im Krankenhaus bleiben. Diese Wochen waren bewegend, wertvoll, schwierig und gebetsintensiv auf einmal.

Ich erinnere mich daran, wie ich ihn im Inkubator ansah. Wir hielten seine kleine Hand und beteten für ihn und versuchten, ihn mit genügend Fläschchen zu füttern, um sein Gewicht nach oben zu treiben, damit er aus dem Krankenhaus entlassen werden konnte. Immer wieder mal konnten wir ihn ein paar Minuten halten und unsere Herzen schmolzen dahin.

Dann endlich gaben sie uns unser Kind mit nach Hause. Wir brachten ihn hinaus in das offene Ozon der Erde. Dann schnallten wir ihn in diese Maschine aus Metall, die sich mit hoher Geschwindigkeit bewegte. Und wir dachten: *Das ist nicht in Ordnung. Das ist gefährlich.*

Dann fuhren wir auf die Autobahn. Ich hatte noch nie ein Problem gehabt, mit dem Verkehrsfluss mitzuhalten, bis mein erstgeborener Sohn auf dem Rücksitz saß. Plötzlich befand ich mich auf einer nervenaufreibenden Abenteuerfahrt auf der langsamen Spur und fand deutliche Worte für die vorbeiflitzenden Autos.

Dann wurde Zion ein bisschen älter und begann zu krabbeln und zu klettern. Er stieg auf Dinge wie Geländer, Treppen und Stühle. Und sobald er sich fünfzehn Zentimeter über dem Boden befand, geriet ich in Panik.

»Ach, du meine Güte, Zion, runter da!«

Und ich lief ihm zur Hilfe und rettete ihn mit meinen starken Armen, hielt ihn zärtlich fest und übersäte ihn mit Küssen.

Dann kam unser zweites Kind. Die Aufmerksamkeit ließ etwas nach. Die elterliche Rücksicht nahm ab.

Und dann kam unser drittes. Wenn unsere Jüngste jetzt irgendwo hochklettert, ist es ganz anders. Ich bin, was die Zerbrechlichkeit des Lebens angeht, so abgestumpft. Sie klettert auf Geländer, Stühle und Treppen, und ich bin unbesorgt und die Ruhe selbst. Ich kann neben einem Hotelpool sitzen und jemand fragt: »Ist das Ihre Tochter dort oben auf dem Balkon im fünften Stock?«

Ich sage: »Können Sie sie sehen? Ist alles in Ordnung?«

»Nun, sie balanciert auf dem Geländer.«

»Sie ist so eine tolle Turnerin.« Und dann rufe ich, ohne überhaupt nach oben zu schauen: »Wenn du runterfällst, tut das weh!«

Kürzlich hat unser kleiner Liebling den Ofen angefasst und sich ihre kleinen Finger verbrannt. Und das waren die mitfühlenden, reizenden Worte meiner Frau: »Na ja, das wird sie nie wieder machen.«

Mit unserem Erstgeborenen wären wir noch zur Notaufnahme gerast. Wir hätten darauf bestanden, dass man unserem Kind eine Vollnarkose verpasst und es operiert. »Er hat eine Brandblase! Sie müssen ihn retten!«

Jetzt heißt es nur noch: »Na ja, das wird sie nie wieder machen.« Das ist das immer wiederkehrende Thema bei Eltern mit mehr als einem Kind. »Sie ist mitten auf dem offenen Meer, wo die Haie sind? Das wird wehtun. Das macht sie nie wieder«

Wir sind abgestumpft. Völlig empfindungslos. Aber eigentlich haben die Eltern mit nur einem Kind Recht. Die Art und Weise, wie sie sich um ihren einzigen kleinen Schatz sorgen, ist angemessen und richtig, denn menschliche Wesen sind zerbrechliche, sterbliche, schwache Kreaturen.

Manchmal lassen wir uns nach einer längeren Phase von Gesundheit und finanziellem Erfolg zu der Annahme hinreißen, wir seien immun gegen Schäden. Wir seien nicht aufzuhalten, begabt und könnten Bäume ausreißen. Das ist die Illusion von Kontrolle.

Aber Menschen sind zerbrechliche Wesen. Wie lange können wir ohne ein Dach über dem Kopf überleben? Oder ohne Essen? Oder ohne Wasser? Oder ohne Luft? Ohne diese lebensnotwendigen Dinge wäre unser Leben binnen Minuten zu Ende.

Es stimmt: das Leben ist zerbrechlich. Dazu brauchst du nur einen kurzen Blick auf die aktuellen Nachrichten zu werfen. Die Welt ist voller Tragödien, Unheil und Tod. Wir tun unser Möglichstes, um unsere Kinder, unsere Finanzen, unsere Zukunft und unser Eigentum zu schützen, doch das Leben ist ein Hauch. Unsere Sicherheit und unsere Identität können sich von einem Moment auf den anderen völlig verändern.

Wenn wir dieser Realität ins Gesicht blicken, sind wir vielleicht versucht, uns zurückzuziehen, zu verteidigen, auf Nummer sicher zu gehen. Manchmal wollen wir einfach nichts mehr riskieren. Wir wollen nichts mehr wagen. Wir wollen nichts mehr glauben. Manchmal denken wir, es wäre das Beste, sich zu verkriechen, abzuwarten und zu hoffen, dass wir das festhalten können, was wir haben.

Aber inmitten unserer Schwachheit und Zerbrechlichkeit will Gott unsere Kraftquelle sein. Wir können Frieden und Zuversicht im Leben haben, weil Gott, der Schöpfer des Lebens, weiß, was wir durchmachen.

Gott sieht unsere Schwachheit. Er versteht unsere Unsicherheit. Er kennt unsere Bedürfnisse. Gott ist der perfekte Vater und seine Fürsorge und sein Interesse an uns hören niemals auf. In einer unsicheren Welt sind wir in seiner Liebe sicher. Wir können ihm vertrauen.

Gott in einer Krippe

In der Geburt Jesu bewies Gott sein Verständnis für die Zerbrechlichkeit der Menschheit. Ich finde das erstaunlich. Die Art und Weise, wie Gott die Welt betritt, offenbart sein Herz für sie.

Das Lukasevangelium berichtet im zweiten Kapitel die Geschichte von der Geburt Jesu:

> *Weil Josef ein Nachkomme Davids war, musste er nach Bethlehem in Judäa, in die Stadt Davids, reisen. Von Nazareth in Galiläa aus machte er sich auf den Weg und nahm seine Verlobte Maria mit, die hochschwanger war. Als sie in Bethlehem waren, kam die Zeit der Geburt heran. Maria gebar ihr erstes Kind, einen Sohn. Sie wickelte ihn in Windeln und legte ihn in eine Futterkrippe, weil es im Gasthaus keinen Platz für sie gab. (Verse 4-7)*

In dieser Stelle steht, dass Gott als Baby auf diese Erde kam und seine Wiege eine Futterkrippe war. Das war unerwartet, um es mal vorsichtig auszudrücken. Was machte der allmächtige, allwissende Schöpfer der ganzen Welt in einem Futtertrog für Tiere?

Er ist Gott. Er hatte das Recht, zu entscheiden, wie er die Welt betreten würde. Er hätte auf einem weißen Pferd reiten können oder in einem F-16-Kampfjet oder auf einem regenbogenfarbenen Weltraum-Einhorn fliegen können. Aber Gott wählte die allermerkwürdigste Umgebung und die allermerkwürdigsten Umstände und Situationen. Das ist außergewöhnlich. Und eigentlich sogar lächerlich.

Gott suchte sich eine Nacht aus, in der jedes Hotel, jede Pension und jedes Holiday Inn schon ausgebucht war. Das war kein Versehen. Er hatte nicht vergessen, ein Zimmer für Jesus zu reservieren. Es war sein Plan. Er wollte, dass alle normalen Unterkünfte voll waren.

Darum wurde Jesus in einem Stall geboren. Wir stellen uns das normalerweise wie eine Scheune vor, aber es war sehr wahrscheinlich eine Höhle. Jesus kam auf diese Welt umgeben von stinkenden Tieren, die bei seiner Geburt zusahen. Sein Bett war ein Futtertrog, der von allen Tieren benutzt wurde, vermutlich ein ausgehöhlter Fels, in dem sich sehr wahrscheinlich Futterreste, Speichel und Dreck befanden.

Ganz oben auf meiner Liste von Phobien und Auslösern für Zwangsneurosen stehen Tierhaare und -sabber. Darum mag ich Hunde nur aus der Ferne. Sobald sie anfangen, an mir hochzuspringen, zu sabbern und zu haaren, bin ich weg. Da ziehe ich persönlich die Grenze. Ich weiß, ich habe gesagt, ich sei unempfindlich und abgestumpft, aber bei dem Gedanken daran, ein Neugeborenes an solch einen keimverseuchten Platz zu legen, schaudert es mich.

Also, hast du dich schon einmal gefragt, wie die Tiere gefressen haben, nachdem Jesus geboren worden war? Er schlief ja in ihrer Futterschüssel. Wahrscheinlich schlief Josef tagelang nicht gut aus Sorge, die Tiere könnten nachts etwas verwechseln.

Wenn du dir Lukas' Geschichte weiter ansiehst, waren die ersten Gäste, die Jesus hatte, Hirten.

Auch hier sind wir wieder so weit entfernt von dieser Kultur und diesem Umfeld, dass wir das im verklärten Licht sehen. In meinen Gedanken haben die Hirten farblich aufeinander abgestimmte Kleidung und niedliche kleine Hipster-Bärte, sie riechen nach *Old Spice*-Produkten, weil ihre Schafe irgendwie keine normalen Körperfunktionen haben.

In Wirklichkeit waren die Hirten die Geringsten der Geringen in der Gesellschaft. Sie hatten eine derbe Sprache, sahen derb aus und rochen derb. Weil Hirten draußen auf dem Feld lebten, konnten sie nicht alle religiösen jüdischen Traditionen und Gesetze halten. Sie wurden als zeremoniell unrein angesehen und es war ihnen normalerweise nicht erlaubt, am Gottesdienst teilzunehmen. Wenn normale, aufrechte Mitglieder der alten jüdischen Kultur einem Hirten begegneten, hielten sie die Luft an und wechselten die Straßenseite.

Aber Gott sagte: »Wenn mein Sohn geboren wird, will ich, dass Tiere dabei sind. Und ich will, dass Hirten dabei sind. Und ich will, dass er im Nirgendwo geboren wird. Oh, und nur so zum Spaß – ich will, dass seine Mutter ein Teenie ist.«

Hattest du in letzter Zeit einmal Kontakt zu Teenie-Mädchen? Nichts für ungut, falls du zufällig ein Teenie-Mädchen bist, aber ich war zehn Jahre lang Jugendpastor und die Vorstellung, dass ein Teenie-Mädchen Gott als Baby betreut und ernährt ist irgendwie … überraschend.

Weil Maria schwanger wurde, bevor Maria und Josef geheiratet hatten, hing Jesus sein Leben lang das Gerücht an, ein uneheliches Kind zu sein. Und wenn Josef versucht hätte, die Schwangerschaft Gott anzuhängen, hätte er unglaublich einfältig ausgesehen. Ich kann mir die Fragen und verstohlenen Blicke bei den Familienfeiern der nächsten Jahrzehnte vorstellen.

Was tust du, Gott? Welche Botschaft willst du uns vermitteln? Ein ratloser Stiefvater, eine geheimnisvolle Teenie-Mutter, stinkende Tiere, eine Höhle, asoziale Hirten, gestörte Familienverhältnisse – was war da los in dieser kleinen Stadt Bethlehem mitten im Nirgendwo? Du hättest mit Königtum und Ruhm auf die Erde kommen können, mit Paraden und Pomp und Prunk. Was versuchst du uns zu sagen?

Wir hätten erwartet, dass die Geburt Jesu das Königtum Gottes hervorheben würde. Stattdessen hob seine Geburt die Zerbrechlichkeit des Menschen hervor.

Es scheint mir, als hätte Gott absichtlich keine Risiken gescheut, als er auf diese Erde kam. Er kam auf die Erde in all ihrer Derbheit und Rohheit und ihrem Leid, entschlossen, mit der Zerbrechlichkeit konfrontiert zu werden, die dieses Leben zu bieten hat. Jesus identifizierte sich völlig mit unserer Schwachheit, um unsere Stärke zu werden.

Vielleicht fragst du dich: *Kümmert es Gott überhaupt, dass ich schon seit vier Monaten kein Gehalt bekommen habe? Kümmert es Gott überhaupt, dass meine Frau und ich kurz vor der Scheidung stehen? Sieht Gott überhaupt meine Sorgen und meine Schwachheit? Oder ist er so weit über mir und so weit entfernt von mir, dass ihm diese Dinge überhaupt nicht wichtig sind?*

Wenn du dich fragst, ob Gott an den Besonderheiten und Kleinigkeiten deines Alltags interessiert ist, dann ist die Antwort ja. Gott ist sich deines Leids, deiner Herausforderungen, deiner Schwierigkeiten und Probleme deutlich bewusst.

Wirf mal einen Blick auf seine erste Nacht auf Erden. Wirf einen Blick auf das kleine Baby Jesus, das in dieser ausgehöhlten Futterschüssel schläft. Das ist eine Botschaft für uns.

Und dabei geht es nicht nur darum, dass das Leben zerbrechlich ist. Es geht darum, dass Gott sich unserer Zerbrechlichkeit bewusst ist – aber dass er größer und stärker und bei uns ist. Gott sagt zu uns: »Ich weiß, dass das Leben unsicher ist. Aber ich nicht. Ich bin immer bei dir.«

Gott ist nicht überrascht, enttäuscht oder gelangweilt, wenn uns alles zu viel wird. Er kennt uns und er kümmert sich mehr um uns als jeder andere. Er zählt sogar die Haare auf unserm Kopf –

wie viel wichtiger sind ihm dann unsere Kämpfe, unsere Zweifel und unsere Mutlosigkeit?

Die gute Nachricht ist, dass Jesus die Zerbrechlichkeit des Lebens nicht nur erfahren hat, er hat sie überwunden. Er lebte ohne Sünde, um uns von der Sünde zu befreien. Er besiegte das Grab, damit wir nie wieder Angst vor Krankheit, Verlust oder Tod haben müssen.

Der Grund, warum die Geburt Jesu so wichtig ist, ist sein Tod. Er wurde nicht geboren, um zu leben, er wurde geboren, um zu sterben. Und sein Tod legte ein für alle Mal ein sicheres Fundament; einen zuverlässigen Felsen, der allen Schwankungen unseres Lebens standhält. Ungeachtet unserer Umstände: Jesus ist Leben, Jesus ist Hoffnung, Jesus ist Frieden.

Ein unerwarteter Held

Ich wünschte, es gäbe eine Garantie, dass niemals etwas Schlimmes passieren wird. Ich wünschte, ich könnte garantieren, dass wir nie Kummer, Leid oder Verlust erleben werden. Ich wünschte, ich könnte mich, meine Familie und mein Umfeld schützen. Wir alle wünschten das. Aber das Leben gibt uns keine solchen Garantien.

Wahrscheinlich hast du die Zerbrechlichkeit des Lebens schon am eigenen Leib erfahren. Vielleicht erlebst du gerade jetzt einen schrecklichen Verlust oder vielleicht hast du so etwas in der Vergangenheit durchgemacht. Vielleicht sind Feiertage für dich eine schmerzhafte Erinnerung an einen geliebten Menschen, den du verloren hast. Vielleicht bekommst du gerade die Bitterkeit einer Pleite oder den zerreißenden Schmerz einer Scheidung zu spüren. Vielleicht scheint Krankheit immer wieder dein Leben zu ertränken.

Ich versuche nicht, theatralisch zu sein. Diese Dinge sind real. Was machen wir mit der Zerbrechlichkeit dieses Lebens? Wie schaffen wir es durch die Herausforderungen und über die Berge? Wie bewahren wir die Ruhe? Durch Optimismus? Durch Tatkraft und Elan?

Nein. Positives Denken, harte Arbeit, Tatkraft und Elan sind zwar gut, aber sie ändern nichts an der Unvorhersehbarkeit unseres Daseins.

Was ist mit dem Glauben? Für die von uns, die sich als Christen oder Nachfolger Jesu betrachten: Können Glaube, Vertrauen, Gebet, Religion und gute Werke uns vor der Zerbrechlichkeit des Lebens retten?

Wieder ist die Antwort nein. In sich selbst haben diese Dinge keine Kraft. Der Glaube muss in etwas gesetzt werden, was größer ist als er selbst. Setz deinen Glauben nicht in deinen Glauben oder dein Vertrauen in dein Vertrauen. Das klingt zwar geistlich und religiös, ist aber nichts anderes als leerer Humanismus.

Menschen, die ihren Glauben in den Anker des Glaubens setzen, sind wie ein Segler, der mitten im Sturm seinen Anker bewundert, während sein Schiff auf eine felsige Untiefe zusteuert.

»Kommt her, alle Mann! Versammelt euch! Was haltet ihr von meinem Anker? Ich hab ihn sogar neu gestrichen.«

»Kapitän – bitte um Erlaubnis, zu sprechen.«

»Ja, Matrose.«

»Wir werden sterben.«

»Ich verstehe nicht.«

»Es herrscht Sturm, Sir. Vor uns liegen Felsen. Dürfen wir den Anker in die Tiefe werfen, bis er auf festen Grund trifft, damit wir überleben?«

Der Glaube darf nicht bewundert werden. Der Glaube ist kein Verdienstabzeichen, das man herumzeigt. Der Glaube muss in die Tiefe und Dunkelheit der Unsicherheit des Lebens geworfen werden, bis er sicheren Halt und einen festen Retter findet.

Unser Glaube gründet sich auf Jesus. Nicht auf die Gemeinde oder auf einander. Nicht auf Programme, Webseiten oder Lieder. Nicht auf unseren sozialen Status, unsere Gesundheit, unseren Wohlstand oder unsere Klugheit. Keines dieser Dinge ist eine Garantie für Sicherheit oder Frieden.

Wir glauben an eine Person. Er ist das einzig Zuverlässige innerhalb der Menschheit. Er ist das einzig Sichere. David – der bekannteste von Israels Königen und Helden – schrieb in Psalm 39, Verse 5-8:

»Herr, erinnere mich daran, wie kurz mein Leben ist. Und dass meine Tage gezählt sind, damit ich erkenne, wie vergänglich mein Leben ist. Mein Leben währt nicht länger als die Breite meiner Hand und ist vor dir nur wie ein Augenblick. Nur wie ein Hauch ist jeder Mensch, wie sicher er auch steht.« Wir sind nicht mehr als Schatten, und all unsre Geschäftigkeit führt zu nichts. Wir häufen Reichtum an, den ein anderer ausgeben wird. Mein Herr, worauf kann ich hoffen? Meine einzige Hoffnung bist du.

David wollte ständig an zwei Dinge denken: Erstens, wie kurz und unsicher das Leben ist; und zweitens, wie stark und sicher Gott ist.

Mir gefällt der Satz am Ende. »Meine einzige Hoffnung bist du.« Wer ist unsere einzige Hoffnung? Wo werfen wir unseren Anker aus? Was ist unsere ultimative Quelle für geistige Gesundheit, Sicherheit und Frieden? Jesus ist unsere einzige Hoffnung. Er ist alles, was wir haben und alles, was wir brauchen.

Als Jesus in dem Stall geboren wurde, verkündeten die Engel den Hirten: »Der Retter – ja, Christus, der Herr – ist heute Nacht in Bethlehem, der Stadt Davids, geboren worden!« (Lukas 2,11).

Ein Retter. Ist es nicht das, was wir suchen? Wir brauchen einen Helden. Wir brauchen einen Retter. Schau dir an, wie vernarrt Hollywood in seine Superhelden ist. Es liegt in der menschlichen Natur, dass wir uns nach jemandem mit übernatürlichen Kräften sehnen, der uns von der Unvorhersehbarkeit und Zerbrechlichkeit unserer Existenz rettet.

Die Engel sagten: »Er ist gekommen. Er ist geboren. Er ist euer Retter.«

Ich bezweifle, dass die Hirten erwartet hatten, dass ihr Retter so verletzlich und zerbrechlich sein würde. Wahrscheinlich hatten sie sich eher jemanden wie Thor vorgestellt: einen muskulösen Mittdreißiger, einen gebrauchsfertigen Retter, der mit Ruhm und Durchschlagskraft aus dem Himmel kommt, um Frieden auf die Erde zu bringen.

Aber Jesu Ankunft auf dieser Welt war so enttäuschend wie nur irgend möglich. Seine Geburt war ungeplant, unangekündigt und total unpassend. Jahrelang lebte er unter der Fürsorge seiner sehr menschlichen Eltern. Wahrscheinlich zimmerte er während seiner Kindheit Stühle, Bänke und Tische in der Schreinerei seines Vaters. Er ging durch die Pubertät wie jeder andere Teenager. Er lebte das Leben so wie du und ich.

Warum? Weil es einen Gott gibt, der sich um jede Kleinigkeit unseres Lebens kümmert und der mit der Zerbrechlichkeit dieser Erde und ihrer Menschen konfrontiert war.

Jesus schoss nicht vom Himmel herab, rettete uns und schwang sich wieder nach oben. Er wurde einer von uns. Er identifizierte sich mit uns. Er lebte mit uns, liebte uns und starb am Ende für uns. Er ist unser Freund und unser Bruder. Er ist unser Vorbild, unser Superheld, unser Retter, unser Erlöser. Aber zu all dem wurde er, indem er schwach wurde wie wir.

Jesus wurde frontal mit der Zerbrechlichkeit und Schwachheit des Lebens konfrontiert. Jetzt sind sein Sieg und seine Beständigkeit in allen Umständen die Quelle unseres Friedens. Wir können auf ihn bauen. Wir können ruhen und uns auf ihn verlassen. Wir können ihm vertrauen.

11

Erster Platz

Punktestand

Ich gewinne ganz gerne. Ich bin bereit, das zuzugeben. Das ist vor allem dann der Fall, wenn es um sportliche Ereignisse geht. Selbst bei Sportarten, die mir normalerweise völlig egal sind. Sobald ich mich daran beteilige, kommt bei mir etwas in Gang, und ich will gewinnen – auf lächerliche und manchmal peinliche Art.

Das kommt von der Tatsache, dass ich nicht gerne verliere. Verlieren ist keine Option. Manche Menschen sagen mir, dass man wertvolle Lektionen fürs Leben lernt, wenn man verliert. Ich will diese Lektionen lieber nicht lernen. Ich will lieber ein unwissender Gewinner sein als ein Verlierer, der etwas gelernt hat.

Das ist der Grund, warum die moderne Vorstellung von Kindersport für mich absolut irrsinnig ist. Als ich Kind war, zählte man Punkte, egal welches Spiel man spielte oder wie alt man war. Der Punktestand war wichtig, denn er sagte einem, wer der Gewinner und wer der Verlierer war.

Heute sind die kindlichen Egos offenbar jedoch viel zarter geworden. Wir müssen ihren empfindlichen Selbstwert schützen, indem wir ihnen sagen, sie seien alle Gewinner, schließlich haben sie ja mitgemacht und sich angestrengt. Wenn man bei kleinen Kindern Punkte zählt, ist das politisch unkorrekt.

Ich bin mit dieser ganzen Vorstellung und Philosophie ganz und gar nicht einverstanden. Darum bringe ich meinen Kindern bei, wie sie deine besiegen können.

Als meine Jungs sechs und vier waren, unterschrieben sie ihre Mitgliedschaft in der T-Ball-Mannschaft der Seattle River Dogs. Du hast noch nie etwas von den Seattle River Dogs gehört? Seltsam.

Meine Jungs erhielten ihre Trikots, Kappen und Stollenschuhe und waren begeisterte River Dogs. Und ich wurde darüber informiert, dass sie ohne Punkte spielen würden.

Ich sagte: »Warum spielen sie dann?«

Das kam nicht so gut an.

Aber mir war klar, was passieren würde. Meine Jungs würden ihre Trikots anziehen, ihre Stollenschuhe schnüren, mit ganzem Herzen ihre Schläger auf einen auf einem Gummiständer liegenden Ball hauen, und am Ende dieser irren anderthalb Stunden würde keiner wissen, was eigentlich passiert ist, weil keiner die Punkte aufgeschrieben hat. Dann würden sie alle eine Capri-Sonne und einen Müsliriegel bekommen und hören, sie hätten alle gewonnen.

Aber sie sind nicht alle Gewinner. In meinen Augen ist das lächerlich. Los, Kinder. Von mir aus, schlürft eure Capri-Sonne und genießt euren Müsliriegel; aber irgendjemand muss euch sagen, wer gewonnen und wer verloren hat.

Also mussten sich meine Jungs vor dem ersten Spiel hinsetzen und ich sagte: »Jungs, ihr müsst etwas verstehen. Am Ende eures

T-Ball-Spiels wird kein Smith-Kind in meinen SUV hüpfen und sagen: ›Papa, wir haben gewonnen‹, wenn ihr nicht wirklich gewonnen habt. Auch wenn kein anderer die Punkte mitzählt, ich werde es tun. Ich werde mich zurückhalten und cool, ruhig und gefasst reagieren; aber ich werde die Runs zählen. Und wenn ihr ins Auto steigt, werde ich euch sagen, ob ihr gewonnen oder verloren habt.

Wenn ihr also zurückkommt, total glücklich seid und eure Capri-Sonne trinkt und mir erzählt, wie ihr gewonnen habt, werde ich sagen: ›Nein, ihr habt nicht gewonnen. Ihr wurdet richtig fertig gemacht.‹ Und wenn die andere Mannschaft davon erzählt, wie sie gewonnen hat, obwohl sie eigentlich verloren hat, werde ich euch sagen: ›Diese Kinder haben nicht gewonnen. Ihr seid schneller. Ihr seid größer. Ihr seid stärker. Und ihr habt sie fertig gemacht.‹«

Nicht nur beim Punktezählen sind die Eltern und Trainer und Mannschaften inzwischen völlig verweichlicht. Die ganze Erfahrung ist bemerkenswert wenig wettkampforientiert.

Ein Spieler tritt auf das Schlagmal, sieht den Ball und holt zum Schlag aus. Denk daran, der Ball ruht, aber irgendwie trifft der Spieler den Gummiständer 20 cm unterhalb des Balls. Er kullert hinunter und rollt ein paar Zentimeter und der Trainer schreit: »Lauf! Lauf! Du hast ihn getroffen!«

Nein, hat er nicht. Er hat danebengeschlagen. Er hat nur die Befestigung des Balls umgehauen und die Schwerkraft hat den Rest getan.

Also rennt das Kind und die andere Mannschaft wirft den Ball in Richtung der ersten Base. Der erste Spieler kann ihn natürlich nicht fangen. Also schaut der Schlagmann eine Minute lang verwirrt aus der Wäsche, weil das elterliche Schreien außer Kontrolle gerät, und rennt zum zweiten Mal. Die andere Mannschaft sucht immer noch den Ball hinter der ersten Base und so rennt der Schlagmann zum dritten Mal. Dann rennt er zur Home-Base und der Trainer sagt: »Ein Home-Run!«

Ein Home-Was? Das war kein Home-Run. Das war ein Schlagfehler. Wie ich schon sagte, ich gewinne ganz gerne. Ich will den ersten Platz. Ich will gewinnen. Und ich vermute, das hat mir im Leben sowohl geholfen als auch geschadet.

Ich glaube, in unseren Herzen sollte es eine Leidenschaft geben, exzellent zu sein. Ich glaube sogar, das ist ein Teil des Menschseins. Ich glaube, in unserer DNA ist etwas angelegt, das gewinnen will, und ich glaube, dieser Wunsch kommt von Gott, dem größten Wettkämpfer aller Zeiten. Gott ist ein Gewinner, und wir wurden in seinem Bild geschaffen und sind ihm ähnlich.

Doch ich glaube, unser Wunsch, Erster sein zu wollen, kann uns in manchen Bereichen schaden, denn im Reich Gottes ist dieses Konzept *Erster zu sein* ein bisschen paradox. Das Paradoxe daran ist: Der Schlüssel, um im Leben voranzukommen, besteht im Reich Gottes darin, weiter hinten oder auf dem zweiten Platz zu sein. Solange wir hinten sind, werden wir vorne sein.

Jesus muss das Steuer übernehmen, wie Carrie Underwood[3] vor ein paar Jahren sang. Wir müssen uns damit zufrieden geben, unser Leben lang nur Beifahrer zu sein.

Gott ist für immer der Erste und Führende. Je früher uns das bewusst wird und je früher wir es in unserem täglichen Leben umsetzen, umso früher werden wir entdecken, dass wir im Leben vorwärtskommen. Unsere Bestimmung ist es, im Leben vorne zu sein, indem wir hinter Jesus sind. Jesus ist Erster.

---

3 Carrie Underwood: »Jesus, Take The Wheel« (Arista 2005).

Am Anfang

Das letzte Buch der Bibel hat viel über die Erstheit Jesu zu sagen. *Erstheit* ist tatsächlich ein Wort, falls du dich das gerade fragst. Einige von euch Strebern wollten es gerade nachschlagen. Ich weiß, wie ihr drauf seid. Ich bin nämlich mit einer Streberin verheiratet. Ich habe das unfehlbare und irrtumslose Internet dazu befragt und *Erstheit* bedeutet so etwas wie »die Eigenschaft, Erster zu sein, Ansichheit, Ursprünglichkeit, Vorrang und Präzedenz«.[4]

In Offenbarung, Kapitel 1, Vers 8, steht: »›Ich bin das Alpha und das Omega – der Anfang und das Ende‹, spricht der Herr und Gott, der ist, der immer war und der noch kommen wird, der Allmächtige.«

Erstheit – und Letztheit – sind grundlegende Eigenschaften Jesu. Er ist Erster, weil er Gott ist, und er ist Gott, weil er Erster ist. *Alpha* und *Omega* sind übrigens der erste und letzte Buchstabe des griechischen Alphabets. Jesus sagte also: »Ich bin dein A bis Z. Ich bin der Anfang und das Ende.« Und damit indirekt auch alles dazwischen. Anders ausgedrückt: Jesus war vor uns da, er ist bei uns und er wird noch lange nach uns da sein.

Einige Verse später sagt Jesus es wieder: »Fürchte dich nicht! Ich bin der Erste und der Letzte und der Lebendige. Ich war tot und bin lebendig für immer und ewig! Ich habe die Schlüssel des Todes und des Totenreichs« (Vers 17-18).

---

4 »der Zustand des Erster-Seins« www.collinsdictionary.com/dictionary/english/firstness. »Die Eigenschaft, erster zu sein; Ursprünglichkeit, Vorrang« (erwähnt auch die Ansichheit): en.wiktionary.org/wiki/firstness. »vor allen anderen sein in Bezug auf Zeit, Reihenfolge, Ordnung, Wichtigkeit, usw.«: dictionary.reference.com/browse/firstness. Gemäß Merriam-Webster Online ist *Erstheit* eine grundlegende Kategorie in der Peirceschen Philosophie und umfasst Eigenschaften wie Röte, Härte, Bitterkeit und Adel und ist Ausdruck von Möglichkeit, Spontaneität und Zufall«. Stell dir das mal vor!

Jesus ist Erster und Jesus ist Letzter. Seine Letztheit ist auch eine erstaunliche Vorstellung, aber hier will ich mich auf die Tragweite und Auswirkungen seiner Erstheit konzentrieren.

Theologisch gesehen ist Gott der Erste. Gesellschaftlich gesehen ist Gott der Erste. Physikalisch, psychologisch und anthropologisch gesehen ist Gott der Erste. In allem, überall und immer ist Gott der Erste.

Ich glaube, dass ein Großteil der Komplexität unseres Lebens direkt mit unserer Unfähigkeit zusammenhängt, Gottes Erstheit zu begreifen. Die Antwort auf unsere Ängste und Sorgen liegt darin, zu verstehen, dass Gott der Erste ist. Die Antwort für unsere Ehen, die Antwort für die Erziehung unserer Kinder, die Antwort für unsere Freundschaften liegt darin, Jesus den Ersten sein zu lassen.

Der Schlüssel für unser Leben liegt darin, Zweiter zu sein. Die Komplexität und die Schwierigkeiten, mit denen wir konfrontiert werden, kommen oft deshalb, weil wir den ersten Platz eingenommen haben. Wir sitzen am Steuer. Und weil wir an erster Stelle stehen, stellen sich Kompliziertheit, Angst, Sorge, Anstrengung und Stress ein.

In der Gnade und im Evangelium liegt Einfachheit. In Jesus liegt Einfachheit. Er ist der Erste. Er hat alles im Griff. Er liebt uns und er hat einen Plan und eine Zukunft für uns.

Es ist für uns alle herausfordernd, Jesus die Kontrolle zu überlassen, aber ich glaube, für begabte und talentierte Menschen, die es richtig drauf haben, ist es besonders schwer. Wenn wir noch nie der Schlauste, Hellste, Beste oder Schnellste bei irgendetwas waren, dann ist es ein bisschen einfacher, Gott um Hilfe zu bitten, weil wir dann bereits wissen, dass wir nicht alles im Griff haben. Aber wenn wir an Erfolg gewöhnt sind, wenn wir Titel, Abschlüsse, Einfluss und Macht haben, ist es manchmal schwer, daran zu denken, dass Gott vor uns ist.

Es geht nicht darum, dass wir ihn zum Ersten machen müssen. Er war schon immer der Erste und wird es immer sein. Es geht darum zu erkennen, dass er auf einer praktischen, konkreten Ebene der Erste ist. Es geht darum, auf mentaler, emotionaler und sozialer Ebene mit Gott an erster Stelle zu leben.

Nichts an Gott wird jemals zweitens sein. Er spielt niemals die zweite Geige. Er ist von ganz alleine Gott. Er wurde nicht gewählt und kann auch nicht abgewählt werden. Er braucht keine menschliche Anerkennung, um Gott zu bleiben. Er wird auch weiterhin als Gott wirken und regieren, ob die Menschheit davon Notiz nimmt und darauf reagiert oder nicht. Er ist der Gott der Zeitalter. Er ist der Gott aller Generationen. Er ist der Gott aller Länder, aller Planeten und aller Sterne, die am Himmel schweben.

Wenn wir uns also anmaßen, Gott zu sagen, was er zu tun hat und wie er unser Leben zu gestalten hat, ist das einfach ein kleines bisschen lächerlich.

Das Erstaunliche ist, dass Gott uns eine Menge Kontrolle gibt. Er gibt uns einen freien Willen; er gibt uns Mittel, mit denen wir haushalten sollen; er gibt uns eine Lebensspanne, die wir verwalten und genießen sollen. Aber er ist immer noch souverän. Er ist immer noch der Erste. Was bedeutet das für uns?

Wir sind jetzt hier, völlig genervt von den Rechnungen, die wir bezahlen müssen. Doch wir haben den Gott auf unserer Seite, der der Erste und der Letzte ist, das Alpha und das Omega, der Anfang und das Ende. Das ändert alles.

Weil es nichts Zweites an Gott gibt, gibt es auch nichts Zweites an Jesus. Jesus ist das ausdrückliche Abbild Gottes und Jesus ist Gott.

Jesus war als Erster da. Jesus lebte als Erster ein Leben ohne Sünde. Jesus überwand als Erster den Tod. Jesus ist in allen Dingen für alle Zeiten der Erste.

Diese Erkenntnis sollte den Druck nehmen, unter dem einige von uns ständig leben. Wenn du ein Nachfolger Jesu bist, ist kein Druck auf dir. Er ist auf Jesus. Wirf deine Sorgen, deine Anliegen und Ängste auf den, der der Erste ist.

»Jesus, ich vertraue dir. Jesus ich schaue auf dich und warte auf dich.«

Wenn du in den grauen Morgenstunden aufwachst, denke nicht zuerst an die Schwierigkeiten, die an diesem Tag vor dir liegen. Wenn du ein Stechen im Rücken spürst, dann denk nicht zuerst an dein Alter oder deine medizinische Vorgeschichte. Wenn eine Rechnung zu bezahlen ist, dann denk nicht zuerst an deine Begrenzungen und deinen Mangel.

Bevor du irgendetwas anderes tust, betrachte Jesus. Schau auf Jesus. Denke an Jesus.

Die Antwort auf viele unserer Probleme ist einfach: mehr an Jesus denken als an uns selbst. Jesus muss auf einer praktischen und emotionalen Ebene der Erste sein – nicht nur auf einer mentalen Zustimmungsebene – denn sonst werden die Kompliziertheit, die Furcht und die Angst beginnen, unser Denken und unser Herz zu kontrollieren.

Ich bin oft schuldig, mich selbst an die erste Stelle zu setzen. Eigentlich war ich von klein auf ein Genie darin, mich selbst als Erster zu sehen. Niemand musste mir das beibringen oder mich darin trainieren. Ich wurde mit einer enormen Kapazität geboren, in jeder Situation und in jedem Umstand zuallererst an mich selbst zu denken.

Stell dir vor, wie unser Leben aussehen würde, wenn Jesus in allem der Erste wäre. Wenn er in allem das Erste wäre, woran wir denken. Wenn er die erste Person wäre, der wir in jeder Situation und Lage unser Herz ausschütten würden. Wenn er unser erster Impuls wäre.

Stell dir vor, bei jeder bevorstehenden Katastrophe wäre unsere erste automatische Reaktion: *Zuerst muss ich zu Jesus gehen. Zuerst muss ich mit Jesus sprechen. Zuerst muss ich Jesus vertrauen. Zuerst muss ich meine Sorgen auf Jesus werfen. Jesus ist meine Quelle. Jesus ist meine Antwort.*

Das ist weitaus besser als: *Ich muss jetzt telefonieren. Ich muss ein paar E-Mails verschicken. Ich muss das Problem lösen und Klarheit bekommen. Ich brauche die Antwort, jetzt, und zwar auf alles und gegenüber jedem – sonst geht nämlich alles den Bach runter.*

Wenn wir Jesus den Ersten sein lassen, wird sich alles andere von selbst ergeben. Unser Stresspegel wird sinken. Unser Puls wird wieder ruhiger werden. Die Angst, die uns lähmte, wird sich in Luft auflösen und wir werden frei sein, Dinge zu beurteilen, Prioritäten zu setzen und über die Bodenschwellen des Lebens zu manövrieren.

Mehr und vorher

Eine der Schlussfolgerungen der Erstheit Jesu ist, dass er *mehr* ist. Erster zu sein schließt indirekt ein, dass man mehr von etwas hat oder mehr von etwas ist. Man hat mehr Fähigkeiten oder mehr Können und ist deshalb Erster.

Wenn meine Jungs die andere T-Ball-Mannschaft schlagen, dann nur weil sie mehr Geschick, mehr Schnelligkeit oder mehr Talent besitzen. Durch mehr von etwas wirst du Erster, und wenn du Erster bist, dann nur, weil du mehr von etwas hast oder bist.

Jesus ist immer mehr. Mehr als was? Die Antwort lass ich für dich offen. Denk an das Gigantischste, was du dir vorstellen kannst – und Jesus ist mehr. Er ist mehr als die finanzielle Pleite. Mehr als Krankheit. Mehr als Sünde. Mehr als Mord. Mehr als Scheidung. Mehr als alle Katastrophen, Tsunamis, Kriege oder Hungersnöte.

Jesus ist mehr als die dunkelste Zeit, die du je erlebt hast. Jesus ist mehr als deine Schwachheit. Er ist mehr als deine Probleme. Er ist mehr als deine Endlichkeit.

Womit bist du konfrontiert? Er ist mehr.

Worüber machst du dir Sorgen? Er ist mehr.

Jesus versagt nie. Nichts in diesem Leben und nichts im kommenden Leben kann die »Mehrheit« Jesu ändern. Er überwindet und überdauert alles. Jesus ist mehr.

Eine zweite Schlussfolgerung der Erstheit Jesu ist, dass er *vorher* ist.

Daran sollten wir vor allem denken, wenn wir durch leidvolle und schwierige Zeiten gehen.

Wenn alles gut geht, drängen wir natürlich nach vorne. Aber wenn Katastrophen und Probleme kommen, wollen wir oft nicht mehr weitergehen und uns einfach nur vorm Leben verkriechen. Viel zu leicht lassen wir uns von Leid und Angst lähmen.

»Wie kann ich weitermachen angesichts dessen, was passiert ist? Ich will bitter bleiben. Ich will verletzt bleiben. Ich will meinen Kummer behalten.« Aufzustehen und weiterzugehen ist zu schmerzhaft. Es ist zu schwer, an bessere Zeiten zu glauben.

Wir können nur dann aufstehen, unsere Gefühle unter Kontrolle bringen und Gott vertrauen, wenn uns bewusst wird, dass er der Erste ist, dass er vor uns ist. Er bereitet einen Weg für uns.

In Markus, Kapitel 14, als Jesus seinen Jüngern mitteilte, dass sie ihn im Stich lassen und verleugnen würden, sagte er etwas Interessantes: »Doch wenn ich von den Toten auferstanden bin, werde ich euch nach Galiläa vorausgehen und dort auf euch warten« (Vers 28). Mit anderen Worten war Jesus schon dabei, für sie einen

Weg nach der dunkelsten Zeit ihres Lebens zu planen und vorzubereiten.

Petrus antwortete: »Auch wenn alle anderen sich von dir abwenden, ich werde es nicht tun.«

Petrus gefällt mir. Er ist typisch Mensch. Genauso denken wir normalerweise, wenn alles gut läuft.

»Ich werde nirgendwo hingehen. Ich werde mich nicht abwenden. Bei mir wird alles okay sein. Bei mir wird alles funktionieren.«

Die Wahrheit ist: in deiner Zukunft können einige Herausforderungen auf dich zukommen. Ich will dich nicht entmutigen, aber es ist wichtig, mental, emotional und geistlich auf die Momente vorbereitet zu sein, wenn wir uns dabei ertappen, dass wir einen Fehler begehen.

In Römer 8,28 steht, dass »für die, die Gott lieben und nach seinem Willen zu ihm gehören, alles zum Guten führt«. Dieser Vers bedeutet nicht, dass alles einfach sein wird. Er bedeutet nicht, dass alles sich gut anfühlen wird. Es wird vielleicht Zeiten geben, in denen du dich fragst, warum alles so finster aussieht und warum Gott scheinbar nicht in Sicht ist. Aber am Ende deines Lebens, wenn jedes Plus und Minus, alle Höhen und Tiefen über die Bühne gegangen sind, wird das Endresultat folgendes sein: Gott ist gut und er führt aktiv alles zum Guten.

Jesus erwiderte Petrus: »Noch heute Nacht, bevor der Hahn zwei Mal kräht, wirst du mich drei Mal verleugnen.« (Vers 30).

Wenn ich das lese, denke ich: *Jesus, warum sagst du ihm das? Warum demotivierst du ihn noch?* Jesus hatte seine Gründe.

Spul mal vor zu Kapitel 16. Das war der Morgen der Auferstehung. Ein paar Frauen gingen, um nach dem Grab Jesu zu sehen, und ein Engel erschien ihnen.

Er sagte ihnen: »Habt keine Angst. Ihr sucht Jesus von Nazareth, der gekreuzigt wurde. Er ist nicht hier! Er ist von den Toten auferstanden! Seht, das ist die Stelle, an der sie ihn hingelegt haben. Geht jetzt zu seinen Jüngern und sagt ihnen, auch Petrus: Jesus geht euch nach Galiläa voraus. Dort werdet ihr ihn sehen, wie er es euch gesagt hat, bevor er starb!« (Verse 6-7)

Der Engel erwähnte Petrus namentlich. Das war eine Botschaft von Jesus an einen Jünger, der einen Fehler gemacht hatte, einen Mann, der sich in seinem Schmerz und seiner Scham verkrochen hatte.

»Petrus, ich bin nicht böse auf dich. Ich habe dich nicht aufgegeben. Ich wusste, was du tun würdest. Erinnerst du dich? Darum habe ich es dir im Voraus gesagt. Aber ich bin vor dir hergegangen und mache einen Weg für dich, damit du zu mir zurückkommen kannst.«

Warum erzählte Jesus Petrus, dass er versagen würde? Weil er Petrus wissen lassen wollte: Die Tatsache, dass Jesus Erster und davor ist, ist weitaus bedeutender als Petrus' Versagen.

Das ist jetzt nicht böse gemeint, aber Gott wusste, welche Dummheiten du und ich in unserem Leben tun würden, lange bevor wir sie taten. Er wusste von den zerstörten Beziehungen. Er wusste von den geheimen Sünden. Er wusste von den verrückten finanziellen Problemen. Er wusste es, weil er vorher ist. Aber er ist nicht böse auf uns, ist nicht frustriert und er hat uns nicht aufgegeben.

Wir konzentrieren uns zu oft auf unsere Fehler, auf unsere Katastrophen und auf unser Leid und vergessen, dass Jesus vor all dem ist. Jesus sah unsere Gegenwart damals, als sie noch Zukunft war und ging weiter vor uns her, um alles vorzubereiten. Jesus ist nicht nur bei uns in unserem Leid, er war schon lange vor uns hier und er bereitet einen Weg, um uns zurückzubringen.

Ich weiß nicht, was das Morgen bringt. Aber wie ich schon sagte: Letzten Endes weiß ich, dass Gott gut ist und dass er alles zum

Guten führt. Aber du gehst vielleicht durch schwere Zeiten. Du gehst vielleicht durch Täler. Ich weiß es nicht, aber Gott.

Wir sind heute hier, doch er ist bereits in unserem Morgen. Und egal welche Dummheiten wir machen oder welche schrecklichen Dinge uns passieren mögen – er sorgt dafür, dass alles zum Guten führt.

Gnade mit blauen Augen

Als mein Vater bereits seit einigen Jahren gegen den Krebs kämpfte, sagte Gott etwas ganz Besonderes zu mir. Ich will jetzt nicht, dass das komisch oder supergeistlich klingt, aber die Worte waren nahezu hörbar.

Es ereignete sich, als ich eines Tages in meinem Wohnzimmer war.

»Ihr werdet noch ein drittes Kind bekommen, ein kleines Mädchen. Ihr werdet es Grace (Gnade) nennen. Und ihr werdet immer wissen, dass meine Gnade für euch genug ist. Egal, was mit deinem Vater geschieht, du wirst immer wissen, dass meine Gnade genug ist.«

An jenem Abend sagte ich zu Chelsea: »Schatz, ich glaube ich habe Gottes Stimme gehört. Wir werden noch ein kleines Mädchen bekommen.« Und ich erzählte ihr die Geschichte.

Sie sagte: »Wow.« Wahrscheinlich sagte sie auch noch etwas Tiefsinnigeres, aber das ist, woran ich mich erinnere.

Wir wurden tatsächlich schwanger. Und mit *wir* meine ich *sie,* aber es ist politisch korrekt, wenn man bei einer Schwangerschaft von einem Gemeinschaftserlebnis spricht.

Ein paar Monate später stellte sich heraus, dass es ein Mädchen ist. Ihr könnt euch vorstellen, wie wir uns gefühlt und gefreut haben. Und ihre Geburt ein paar Monate später war einer der Höhepunkte unseres Lebens. Sie bekam den Namen Grace, aber wir nennen sie Gracie.

Ich habe schon weiter vorne davon gesprochen, wie entspannt Dreifach-Eltern sind. Wir nahmen Gracie im reifen Alter von einem Tag schon mit in die Gemeinde. Sie war mit ihrer Oma, und ich glaube auch mit meinem Vater, im hinteren Bereich und sie machten »oooh« und »aaah« wegen dieses kleinen Mädchens und ihrer blauen Augen.

Doch plötzlich kam etwas über mich und ich wusste einfach: *Ich muss mein kleines Mädchen halten.* Ich kann es dir nicht erklären. Es war, als hätte ich dieses starke Empfinden, dass ich zu ihr gehen müsste.

Ich ging nach hinten, nahm Gracie und ging mit ihr in einen Raum hinter der Bühne. Ich schloss die Tür hinter mir. Jetzt war ich mit meiner neugeborenen Tochter allein.

Und als ich da saß und ihr winziges, zartes Gesicht betrachtete, bekam ich die Krise. Ich fing an, hemmungslos zu weinen. Ich sah auf dieses kleine Mädchen und mir wurde klar, dass sie die greifbare, sichtbare Manifestation der Vorherheit, Mehrheit und Erstheit Gottes war.

Ich glaube, dass Gott heilt und ich weiß, dass er Dinge tut, die weit über das hinausgehen, was Menschen tun können. Darum hoffe ich, dass das, was ich jetzt sagen werde, deinen Glauben nicht durcheinanderbringt. Meinen Glauben hat es jedenfalls nicht erschüttert.

Als ich in diesem Raum stand und mein kleines Mädchen auf dem Arm hielt, wusste ich irgendwie, dass die Tage meines Vaters gezählt waren. Ich wusste es einfach. Und ich weinte und trauerte, obwohl ich nicht wirklich verstand, was vor sich ging. Aber in meiner Trauer war irgendwie auch Trost und Glauben. Wie ich schon sagte, ich kann es nicht erklären. Ich verstehe noch nicht einmal alles davon. Aber in jenem Moment wusste ich, dass mein Gott mehr und vorher war.

An jenem Tag hatte ich keine Ahnung, was die Zukunft unserer Familie und unserer Gemeinde bringen würde. Ich wusste nicht, dass die Gesundheit meines Vaters sich bald rapide verschlechtern würde und dass wir Tag für Tag im Krisenmodus leben würden. Ich wusste nicht, dass er sein Leben in wenigen Monaten verlassen würde und im Himmel seine endgültige Heilung finden würde.

Aber Gott wusste es.

Der Schmerz, den ich beim Tod meines Vaters durchlebte, war mehr als schwer. Einen solchen Schmerz hatte ich Zeit meines Lebens nicht erlebt. Ich wusste nicht, wie ich funktionieren sollte, wie ich weitermachen sollte oder wie ich das verarbeiten sollte, was ich fühlte.

Darum schickte Gott mir ein kleines Mädchen, um mich jeden Tag daran zu erinnern: *Meine Gnade ist genug für dich.* Jeden Tag, wenn ich mein kleines Mädchen im Arm hielt und in ihre großen blauen Augen blickte, wurde mir bewusst, dass ich es schaffen würde. Alles würde gut gehen.

»Sohn, ich werde deine Quelle sein. Ich werde deine Stärke sein. Ich kenne den Schmerz, durch den du gehen wirst, darum bereite ich alles vor, damit du weitergehen kannst. Ich gehe vor dir her.«

Und er tat es. Wenn ich auf diese Phase in unserem Leben zurückblicke, kann ich während des ganzen Prozesses sehen, wie Gottes Hand wirkte, um für mich und unsere Familie und Gemeinde alles zum Guten zu führen. Er verließ uns nie; er ließ uns nie im Stich; er gab uns nie auf.

Irgendwann werde ich Gracie diese Geschichte erzählen und sie wird sich bewusst werden, was für ein wunderbares Geschenk ihr Leben ist. Unter vielem anderen ist sie eine ständige Erinnerung daran, dass mein himmlischer Vater bei mir ist, wo immer ich hingehe, und dass ich es schaffen werde, auch wenn mein Papa nicht mehr da ist.

Egal mit welchem Schmerz, welchem Problem oder welcher Sünde du konfrontiert bist, egal was deine Vergangenheit, Gegenwart oder Zukunft für dich bereithält – Jesus ist mehr und Jesus ist vorher. Jesus ist der Erste und er ist der Letzte. Er ist das Alpha und er ist das Omega. Er ist der Anfang und er ist das Ende.

Du und ich, wir können weitergehen. Wir können weiter glauben. Wir können weiter vertrauen. Das Beste liegt noch vor uns.

12

Ich bin bereit

Händifizieren

Ich bin verrückt nach Desinfektionsmittel für die Hände. Ich liebe dieses Zeug einfach. Immer wenn ich irgendwo so einen Spender oder ein Fläschchen sehe, muss ich es einfach benutzen. Wenn ich weiß, dass du es dabei hast, werde ich nicht fragen – ich werde es einfach nehmen.

Meine Frau bemerkte das kürzlich und fühlte sich verpflichtet, mich darauf hinzuweisen. Ich werde jetzt einfach glauben, dass sie *mit* mir gelacht hat.

Vielleicht erinnerst du dich an die Panik vor der Schweinegrippe, die vor ein paar Jahren umging. Sie war letzten Endes nicht gerade überzeugend, aber sie hatte etwas Positives. Sie motivierte die Leute, überall an den Wänden Spender für Desinfektionsmittel anzubringen. Meine Lieblingssorte ist der bewegungsgesteuerte Spender. Man muss nur seine Hand darunter halten, um einen schaumigen Schuss emotionaler Stabilität abzubekommen. Es ist herrlich.

Meine armen Kinder tragen die Hauptlast meiner Versessenheit. Jedes Mal wenn wir an diesen öffentlichen Spendern vorbeilaufen, schnappe ich mir ihre Hände und zwinge sie unter die Öffnung. »Nimm was davon. Verteil es über deinen gesamten Körper. Du bist schmutzig.«

Als Gracie vier war, hatte sie schon so viel über das Desinfizieren von Händen gehört, dass es Teil ihres Vokabulars wurde. Sie kürzte es ab und machte daraus das geniale Wort *händifizieren* und von nun an bis in alle Ewigkeit wird es im Smithschen Haushalt händifizieren heißen.

Ich weiß nicht, warum ich so bin. Vielleicht liegt es an meiner Erziehung. Mir gefällt es, sauber zu sein. Mir gefällt es, wenn ich mich geschützt fühle. Mir gefällt es, wenn ich empfinde, dass ich im Reinen bin. Und aus welchem Grund auch immer, Desinfektionsmittel schaffen das bei mir. Ich bin Manns genug, mir das einzugestehen. Wenn ich es nehme, fühle ich mich wie Batman, wenn er seinen Anzug anzieht. Händifiziert kann ich die Welt erobern.

Ich versuchte, das Chelsea zu erklären und sie sagte nur: »Was ist dein Problem?«

Ich sagte: »Wo soll ich da anfangen?«

Manchmal frage ich mich dennoch – woher wissen wir eigentlich, dass dieses Zeug funktioniert? Woher wissen wir, dass es 99,9 Prozent der Keime abtötet? Zählt irgendjemand diese winzigen Dinger? Und das Gruseligste daran ist: Was ist mit den 0,1 Prozent, die stark genug sind, um zu überleben? Diese kleinen Kerlchen sind unsichtbar, nicht aufzuhalten und kommen, uns zu holen. Das reicht, um uns allen Angst zu machen.

Kürzlich erzählte mir eine nette Dame: »Wissen Sie, diese Keime bilden Antikörper und schließlich funktioniert das Zeug nicht mehr. Und im Endeffekt wird man noch viel anfälliger werden für Krankheiten. Also wahrscheinlich arbeitet es gegen Sie.«

Oh danke. Das wollte ich wirklich nicht hören.

Offen gesagt wirkt Desinfektionsmittel auf einer emotionalen Ebene gut bei mir. Und was gibt es Wichtigeres? Wenn es um Keime, Mikroben und Bakterien geht, ist händifizieren meine Quelle des Friedens.

Der Aussätzige und das Gesetz

Die Angst vor Keimen bringt aber nicht annähernd zum Ausdruck, wie die Menschen zur Zeit Jesu auf den gefürchteten Aussatz reagierten. Aussatz hatte religiöse und soziale Folgen, die die Aussätzigen zu völligen Außenseitern machten.

Aussätzige waren in keinem Sinn des Wortes im Reinen. Kulturell, theologisch und emotional waren sie der Inbegriff alles Unheiligen und Unreinen.

Aussatz war ein lebendiges Zeichen für Sünde. Die Israeliten jener Zeit dachten, dass Aussatz wahrscheinlich ein Fluch von Gott für die Sünden war, die jemand begangen hatte. Er war schrecklich. Er war furchtbar. Er war widerlich. Und er war hochgradig ansteckend.

In der Bibel wird das Wort *Lepra* oder *Aussatz* als Sammelbegriff für viele Hautkrankheiten verwendet, doch eins hatten sie alle gemeinsam: sie zerfraßen die Haut. Das war ein gefürchteter, entstellender Zustand. Er war schmerzhaft und erniedrigend und normalerweise unheilbar.

In 3. Mose 13 und 14 werden die Prozeduren und Gesetze beschrieben, die Gott einführte, um die Menschen vor der Ausbreitung von Aussatz zu schützen. Wenn du mal eine gute Lektüre brauchst, dann lies diese zwei Kapitel. Sie sind fantastisch. Scherz. Sie sind widerlich. Unter anderem steht dort, dass die Priester alle absonderlichen Flecken oder Geschwulste, die am Körper der Menschen auftraten, auf Aussatz überprüfen mussten.

Es genügt zu sagen, dass ich damals kein Pastor hätte sein wollen. So ganz ohne Desinfektionsmittel.

Die Gesetze in Bezug auf Aussatz legten unter anderem fest, dass alle, die daran erkrankt waren, vollständig aus der Gesellschaft entfernt werden mussten. Egal ob sie verheiratet waren oder nicht, ob sie Kinder hatten oder nicht, sie wurden isoliert und in Leprakolonien außerhalb der Stadt verbannt. Das war völlige Ablehnung. Sie waren bei lebendigem Leibe tot. Sie verloren ihr gewohntes Leben.

In Matthäus 8,1-4 wird beschrieben, wie Jesus einem dieser Ausgestoßenen begegnet.

> *Viele Menschen folgten Jesus, als er den Berg hinuntergestiegen war. Da trat ihm ein Aussätziger in den Weg. Er fiel vor ihm nieder und sagte: »Herr, wenn du willst, kannst du mich gesund machen.« Jesus berührte ihn. »Ich will es tun«, sagte er. »Sei gesund!« Und im selben Augenblick war der Mann von seiner Krankheit geheilt. Daraufhin sagte Jesus zu ihm: »Geh zum Priester und lass dich von ihm untersuchen. Sprich unterwegs mit niemandem darüber. Aber nimm das Opfer mit, das Mose für die Heilung von Aussatz vorgeschrieben hat. Das soll für alle ein Beweis deiner Heilung sein.«*

Es ist wichtig, dass uns klar ist, dass das direkt nach der bekanntesten Predigt stattfindet, die je gehalten wurde, der Bergpredigt, die in Matthäus, Kapitel 5 bis 7 steht.

Egal ob du die Bergpredigt kennst oder nicht, ich bin sicher, du bist halbwegs vertraut mit den Grundsätzen und Aussagen, die dort stehen. Was wir beispielsweise die goldene Regel nennen – »geht so mit anderen um, wie die anderen mit euch umgehen sollen« – kommt direkt aus dieser Predigt. Ganze Kulturen und Gesellschaften haben die ethischen Grundsätze der Bergpredigt übernommen und angewendet.

Die Gelehrten glauben, dass Jesus vielleicht zwei oder drei Tage am Stück gelehrt hat. Das ist bestimmt irgendein Rekord.

Schließlich beendet Jesus seine Predigt. Matthäus weist darauf hin, dass Jesus vom Berg hinuntersteigt. Warum hat er diese Nebensächlichkeit erwähnt? Ich glaube, das war kein Zufall. Ich denke, er wollte eine Parallele aufzeigen, die die jüdischen Leser verstehen würden. Mose hatte Israel die alten Gesetze über den Umgang mit Aussatz gegeben. Sie waren Teil des mosaischen Gesetzes, das – wie ich schon früher erwähnt habe – die rechtliche Grundlage für Israel war, um seine Beziehung mit Gott aufrechtzuerhalten. Das Gesetz wurde Mose auf einem Berg gegeben.

Doch während Mose auf dem Berg war, wurde das Volk Israel ungeduldig. Sie dachten, Mose wäre auf dem Berg gestorben. Sie sagten: »Mose braucht zu lange. Darum haben wir eine tolle Idee. Lasst uns all unseren Schmuck einsammeln, einschmelzen, ein großes goldenes Kalb daraus machen, das wir anbeten können, unsere Kleider ausziehen und mit Gesang und wilder Musik um das Lager laufen.«

Gerade als Woodstock sich von seiner verrücktesten Seite zeigte, tauchte Mose wieder auf. Er war so aufgebracht über das Verhalten der Israeliten, dass er die Steintafeln mit den Zehn Geboten auf den Boden warf, sodass sie zerbrachen.

Dann zermalmte er das goldene Kalb im wahrsten Sinne des Wortes zu Staub, vermischte es mit Wasser wie einen Eiweißdrink und ließ es die Leute hinunterschlucken.

Stell diese Geschichte der Begegnung Jesu hier im achten Kapitel von Matthäus gegenüber. Jesus war gerade auf einem Berg gewesen und hatte eine neue Art zu leben und der Beziehung mit Gott gelehrt, die nicht auf Gesetzen beruht, die auf Stein geschrieben waren, sondern auf einer Beziehung, die im Herzen geboren wird. Jetzt steigt Jesus vom Berg herab und begegnet der Verkörperung von Sünde: einem Aussätzigen. Doch die Geschichte endet nicht so, wie das Volk Israel es erwartet hätte.

Jesus wäre zurecht aufgebracht gewesen. So hatte Mose reagiert, als das Gesetz gebrochen wurde. Dieser Aussätzige stellt das Gesetz zur Schau, indem er zu Jesus kommt und sich unter die Gesunden und Reinen mischt. Hätte Jesus diesen Mann zurechtgewiesen, bedroht und gedemütigt, hätten sich die Menschen nichts dabei gedacht. Sie wären auf Jesu Seite gewesen.

Doch anstatt Gericht zu bringen, anstatt Dinge zu zerbrechen und die Menschen die Strafe für ihre Sünden trinken zu lassen, kommt Jesus von diesem Berg herunter und setzt die Bruchstücke des Lebens dieses Mannes wieder zusammen. Jesus nimmt sogar die Strafe für die Sünde des Aussätzigen auf sich.

Jesus ist der neue Mose. Er kam, um uns wahren Frieden zwischen Gott und den Menschen zu bringen. Jesus leitete ein neues Zeitalter ein, einen neuen Wandel mit Gott und eine neue Art des Menschseins.

Wir werden uns das noch genauer ansehen, aber zuerst will ich einen Blick auf die Botschaft Jesu auf dem Berg werfen. Sie bildet den Rahmen für die Bedeutung dieses Dialogs zwischen Jesus und dem Aussätzigen.

Exkursion

Die Bergpredigt ist, wie wir bereits festgestellt haben, die bedeutendste Predigt, die je gehalten wurde. Sie ist schön, sie ist gewaltig, sie ist faszinierend und sie ist außergewöhnlich. Aber sie ist auch demotivierend.

Wenn du sie genau liest und dir zu Herzen nimmst, wirst du etwas Deprimierendes feststellen. Wir können die Bergpredigt unmissverständlich und zweifellos zu 100 Prozent nicht erreichen und erfüllen.

Jesus sagt zum Beispiel: »Das Gesetz sagt, du sollst nicht ehebrechen. Ich aber sage, wenn ihr eine Frau angesehen und in eurem Herzen begehrt habt, habt ihr die Tat bereits begangen.«

Anders ausgedrückt: Es reicht nicht aus, Jungfrau zu sein. Wenn du nicht völlig frei bist von Begierde, bist du nicht besser als der größte Weiberheld, der herumläuft.

Und prompt sind so ziemlich alle disqualifiziert. Wenn du Matthäus 5 leben willst und das liest, bist du plötzlich entmutigt. Damit wolltest du berühmt werden, das sollte deine geistliche Trumpfkarte sein. Jetzt wird dir klar, dass es nicht ausreicht.

Es wird noch schlimmer. Jesus lässt eine ganze Reihe dieser unmöglichen Aussagen los und beendet alles mit diesem demotivierenden Hammerschlag: »Leute, unterm Strich heißt das: Seid so vollkommen wie Gott. Bis nächsten Sonntag. Danke für euer Kommen.«

Du kannst das Wort *vollkommen* in seiner Ursprungssprache nachschlagen, wenn du willst – es bedeutet vollkommen. Man kann die Hoffnungslosigkeit dieses Maßstabs nicht überbewerten.

Gott, was sagst du? Was ist das Wesentliche?

Die gesamte Bibel vermittelt überall dasselbe. Wir brauchen Jesus.

Die Menschen konnten das Gesetz nie erfüllen, ganz gleich, wie sehr sie sich auch anstrengten. Es gab keinen Frieden. Sie haderten mit Gott. Sie waren unrein und konnten sich nicht selbst reinigen.

In der Predigt Jesu ging es nicht darum: »Geht jetzt vom Berg hinunter und seid aus euch heraus vollkommen. Ihr seid ganz auf euch gestellt. Probiert es aus. Strengt euch an.« Die Botschaft Jesu war: »Ich bin die Quelle eurer Heiligkeit, eurer Reinheit, eurer Gerechtigkeit vor Gott.«

Um Frieden mit Gott zu finden, müssen wir uns nicht noch mehr anstrengen. Wir brauchen Jesus.

Jesus beendet die bedeutendste Predigt in der Geschichte der Menschheit und sagt dann: »Lasst uns eine Exkursion machen. Ich werde euch genau zeigen, was ich meine.«

Die Zuhörer steigen mit Jesus vom Berg hinunter und am Fuße des Berges befindet sich das lebendige Zeichen der Sünde. Das ist kein Zufall. Das ist eine Exkursion, die von Gott persönlich inszeniert wurde.

Denk daran, dieser Aussätzige bricht unübersehbar das Gesetz. Er muss bei den anderen Aussätzigen bleiben. Er kann den Reinen nicht so nahe kommen, weil er unrein ist. Darum bricht das Chaos aus, als die Menge auf dem Weg um die Ecke biegt und auf diesen Mann trifft. »Zurück! Alle Mann zurück! Ein Aussätziger!« Eltern greifen nach ihren Kindern. Einige sammeln Steine auf für den Fall, dass der Aussätzige aggressiv wird oder vielleicht geistesgestört ist.

Der Mann hatte diese Reaktion sicherlich erwartet, aber ich bezweifle, dass er irgendwann dagegen immun geworden war. Welcher Mensch wäre das schon? Er war abgewiesen, isoliert, gebrochen.

Jesus ist jedoch nicht abgeschreckt. Er weicht nicht zurück. Er wird nicht zornig. Wenn überhaupt, dann sieht er ergriffen aus.

Der Mann stürzt vor Verzweiflung zu Boden. Er spricht Jesus an: »Herr, wenn du willst, kannst du mich rein machen.«

Jesus tut das Undenkbare. Er streckt seine Hand aus und berührt den Mann. »Ich will. Sei geheilt. Sei rein.«

Wann hatte ihn das letzte Mal jemand berührt? Manche sagen, man kann klinisch geisteskrank werden, wenn man längere Zeit keine menschliche Berührung erhält. Es ist ein grundlegendes menschliches Bedürfnis und dieser Mann hatte wahrscheinlich schon seit Jahren so gelebt.

Jesus musste ihn nicht berühren, um ihn zu heilen. Genau in der nächsten Geschichte im Matthäusevangelium steht, dass Jesus einen Gelähmten heilt, ohne ihn überhaupt persönlich zu sehen. Jesus will auf etwas Bestimmtes hinaus.

Stell dir vor, was die Schaulustigen denken. *Das ist nicht – warte mal – er ist doch unrein. Das Gesetz – was machen wir hier eigentlich?*

Denk daran, in der Predigt, von der in Matthäus 5 berichtet wird, hatte Jesus der Menschenmenge gesagt: »Versteht nicht falsch, warum ich gekommen bin. Ich bin nicht gekommen, um das Gesetz oder die Schriften der Propheten abzuschaffen. Im Gegenteil, ich bin gekommen, um sie zu erfüllen.« (Vers 17). Jetzt beweist er es. Er demonstriert, was er damit meinte.

Im 3. Buch Mose steht, dass, wenn etwas zeremoniell Unreines von etwas Reinem berührt wird, das Reine dann auch unrein wird. Das ist wie bei den Keimen. Wenn ich reine Hände habe und etwas Schmutziges anfasse, heißt das nicht, dass das Schmutzige dann rein wird. Es heißt nur, dass ich mehr Desinfektionsmittel brauche.

Jesus berührt den Aussätzigen und sein Aussatz verschwindet sofort und auf wunderbare Weise. Das erste Mal in der Geschichte der Menschheit hat etwas Reines etwas Unreines wieder rein gemacht. Frieden ist wiederhergestellt und Zerbrochenes ist wieder heil.

In Jesus hat sich alles verändert. Die Menschenmenge kann nur zusehen. Zuerst lehrte Jesus es, jetzt gibt er ein Beispiel. Der Aussatz vermittelt die Botschaft, dass die Sünde eine Seuche ist, die sich ausbreitet und ansteckend ist. Die Botschaft Jesu ist, dass er größer ist als die Sünde.

Jesus demonstriert das Evangelium. Er gibt ein Beispiel für eine neue Art zu leben. Jesus hat die Sünde, die Krankheit und den Tod besiegt. Die Gnade hat von der Sünde nichts zu befürchten, denn sie ist stärker als die Sünde. Sie heilt den Sünder. Sie setzt die Bruchstücke wieder zusammen. Sie beseitigt die Strafe. Jetzt wo Jesus auf der Bildfläche ist, sind die Sünde, das Böse und die Schuld auf der Flucht.

Jesus ist wie ein wandelnder, sprechender, lehrender und liebender Spender von Händifizierungsmittel. Die Sünde hat keine Macht über ihn. Krankheit kann ihn nicht aufhalten. Das Böse kann ihn nicht aus der Fassung bringen. In einer verseuchten Welt ist Jesus der Frieden, die Stabilität und die Reinheit, nach der Menschen an allen Orten suchen.

Ich weiß nicht, wie das bei dir ist, aber ich bin nicht daran interessiert, mit derselben Angst vor Sünde durchs Leben zu gehen, wie ich sie vor Keimen habe. Ich beabsichtige nicht, mich hinzukauern, zu verkriechen und zu hoffen, dass das Böse mir fern bleibt.

Ich bin begeistert von der Gnade. Ich bin begeistert von der Güte und Liebe und dieser neuen Art der Beziehung mit Gott. Die Gnade spielt offensiv. Die Gnade ergreift die Initiative und bringt den Zerbrochenen Heilung. Die Gnade streckt sich aus und umarmt alle, die sich einsam, abgelehnt und verzweifelt fühlen.

Verschwende keinen weiteren Tag deines Lebens mit der Angst vor Bosheit, Übel, Sünde oder Finsternis. Verbringe deine Zeit nicht damit, zu analysieren und zu reflektieren, wie schlecht die Gesellschaft geworden ist.

Konzentriere dich stattdessen auf den, der größer ist als alles Böse und alle Finsternis: Jesus. Konzentriere dich auf seine Güte, seine Gnade und sein vollbrachtes Werk.

Es ist egal, wer du bist oder wie lange du Jesus schon nachfolgst. Wenn Jesus in dir ist, wenn die Gnade dich verändert hat, dann bist du eine Kraft, mit der man rechnen muss. Schuld hat keine Macht mehr über dich. Verdammnis lähmt dich nicht mehr. Angst kontrolliert dich nicht mehr.

In Jesus haben du und ich Frieden und wir sind Friedensträger. Wir sind frei, die Macht des Guten, die Macht der Gnade, die Macht Jesu den Menschen zu bringen, die sie so dringend brauchen.

Ich will

Die Menge, die Jesus folgt, ist gerade unten angelangt, als sie mit dem konfrontiert wird, was meiner Meinung nach der Kern der ganzen Predigt war: ein Aussätziger, der auf sehr reale Weise jeden einzelnen Menschen repräsentiert, der dort ist.

Der Aussätzige wird nie mit Namen genannt, weil jeder – jeder Mann, jede Frau, jeder Junge und jedes Mädchen –, der vor Schreck zurückspringt, genau dieser Mann ist. Ich bin dieser Mann. Und – darf ich es sagen? – du bist dieser Mann.

Jesus versucht uns etwas zu zeigen. Dieser Mann hat eine teuflische Krankheit, die ihn buchstäblich bei lebendigem Leib auffrisst. Sie entstellt ihn. Es ist grotesk. Es ist bedauernswert. Es ist widerlich.

Ich glaube, Jesus sagt hier: »Du glaubst, dass diese äußerliche Krankheit schlimm ist? In dir drinnen sieht es noch viel schlimmer aus. Deine teuflische Krankheit frisst auch dich bei lebendigem Leib auf. Sie heißt Sünde und du stirbst und brauchst neues Leben. Aber ich bin von meinem Berg hinuntergestiegen, um die Bruchstücke wieder zusammenzusetzen. Ich bin meinen Berg hinuntergestiegen, nicht um dich mit der Strafe heimzusuchen, die du verdienst, sondern um deine Strafe zu trinken, damit ich dir neues Leben geben kann. Ich will dich heilen, damit du wieder an Beziehungen und an der Gesellschaft teilhaben kannst und damit du wieder Bedeutung und Sinn im Leben empfindest.«

Dieser Mann hat keine Wahl mehr. Er kann sich nicht selbst helfen oder selbst retten oder selbst reinigen. Der Aussätzige hat die Predigt noch nicht einmal gehört. Er hat es sozusagen an jenem Sonntag nicht in die Kirche geschafft. Er ist zeremoniell unrein. Er ist die Unheiligkeit in Person. Religion und Gesetz verbieten ihm, sich Jesus zu nähern, geschweige denn, ihn um Heilung zu bitten.

Aber er ist nicht auf der Suche nach noch mehr Religion. Er setzt nicht alles aufs Spiel, um sich auf das Gesetz einzulassen. Er sucht nach Jesus. Er wendet sich an Jesus. »Herr, wenn du willst, kannst du mich rein machen. Du kannst mich wieder zusammensetzen. Ich weiß, dass du es kannst.«

Wir haben die Antwort Jesu bereits gelesen, aber ich will sie wiederholen. Er spricht Worte, die für mich zu den mitfühlendsten, schönsten, hoffnungsvollsten und herrlichsten gehören, die je auf diesem Planeten gesprochen wurden: »Ich will.«

Er sagt es den Menschen überall: »Ich weiß, wie schlimm es ist. Ich weiß, wie unzumutbar es ist. Ich weiß, wie entstellt, heimatlos und einsam du bist. Ich kenne die Tiefe deiner Finsternis. Ich sehe deine heimliche Scham. Und ich will und kann dich heilen. Ich will und kann dich reinigen und wiederherstellen.«

Was brauchst du? Nur Hingabe. Nur die Erkenntnis, dass du keine andere Wahl hast. Die vielen Menschen müssen dagestanden haben, bis es ihnen langsam dämmerte: »Wow! Darum muss es in der Predigt Jesu gegangen sein. Es geht nicht darum, wie heilig oder wie vollkommen wir sind. Es geht um Jesus.«

Jesus ist bedeutender als Mose. Er ist die Erfüllung des Gesetzes. Er ist vom Himmel herabgekommen, um einer zerbrochenen Menschheit zu helfen. Er ist gekommen, um uns durch seine Gnade und sein Erbarmen wieder zusammenzusetzen.

Er ist gekommen, weil seine Liebe für uns Menschen kein Ende kennt. Sie ist nicht aufzuhalten. Sie ist bedingungslos. Sie lässt nicht los. Sie ist ohne jede Logik.

Jesus bringt der Menschheit Frieden: Frieden mit Gott, Frieden mit sich selbst, Frieden mit anderen. Er beseitigt die Hürden der Sünde, der Scham und der Unreinheit. Jesus ist unser Friede.

LEBEN IST, *Gott zu genießen.*

Die Botschaft, dass Gott das Leben geschaffen hat, damit wir es genießen, zieht sich durch das gesamte Buch. Er will, dass wir ein erfülltes, zufriedenes, glückliches und gesundes Leben führen.

Das Beste daran ist: Das Leben zu genießen und Gott zu genießen gehen Hand in Hand. In Wirklichkeit ist beides untrennbar miteinander verbunden. Wir werden das Leben nicht genießen, wenn wir nicht lernen, Gott zu genießen. Und wenn wir Gott genießen, werden wir das Leben absolut lieben.

Gott ist die feste Größe in der mathematischen Gleichung unserer Existenz. Durch ihn funktioniert das Leben. Er erschafft, gibt und erhält das Leben.

Wenn es darum geht, jeden Augenblick zu genießen, ist Gott auf unserer Seite. Er ist weder ein göttlicher Spielverderber noch eine kosmische Spaßbremse oder ein galaktischer Miesepeter. Gott ist der Inbegriff von Spaß. Er ist die Verkörperung von Freude. Es ist der Grund, warum wir Achterbahnen, Schokolade und Klopf-Klopf-Witze lieben. Gott genießt das Leben. Das hat er schon immer und das wird er immer. Und er will es mit dir zusammen genießen.

13

Gott genießen

Die Wohnstube

Ich bin in einer ziemlich üblen Gegend aufgewachsen. Wir hatten Riegel vor allen Türen und Fenstern, weil unser Haus mehrmals ausgeraubt worden war. Wir hatten nicht sehr viel Wohnfläche, also nutzten wir jedes Zimmer gut. Wir gruben sogar einen Keller.

Als ich dreizehn wurde, zogen wir in ein größeres Haus. Und erst dann lernte ich das kennen, was man eine Wohnstube nennt.

Lass es mich einer Generation erklären, die diesen Begriff nicht kennt. Eine Wohnstube ist ein Raum, der nicht wirklich zum Wohnen genutzt wird. Lass dich von dem Namen nicht in die Irre leiten. Die Wohnstube ist nur zum Anschauen da.

Ich erinnere mich daran, dass ich als Dreizehnjähriger fassungslos war, dass wir einen Teil unseres neuen Heims aussonderten, der niemandem gehören sollte. Wenn meine Schwester oder ich, unsere Freunde oder die Nachbarskinder in den kommenden Jahren dabei ertappt wurden, wie wir irgendwie zufällig durch dieses Sperrgebiet schlenderten, hatte das sofort körperliche Auswirkungen.

Die Wohnstube war einzigartig und außergewöhnlich und nur etwas zum Anschauen. Die perfekten Staubsaugerrillen sollten für immer in den Teppich eingraviert bleiben, unbeschadet von menschlichen Fußabdrücken. Die Kissen sollten immer vorsichtig aufgeschüttelt bleiben. Die Möbel sollten immer farblich aufeinander abgestimmt sein. Das war die Wohnstube. Niemand wagte es, dieses Zimmer wirklich mit wohnlichem Leben zu füllen – das war undenkbar.

Um diesen abgeschiedenen, unnahbaren, allerheiligsten Status zu unterstreichen, ließ meine Mutter schließlich Fenstertüren am Eingang zur Wohnstube einbauen. Und danach stellte sie ein Sicherheitssystem mit Kameras und Laserstrahlen auf. Es war verrückt. (Okay, diesen letzten Teil habe ich mir vielleicht nur ausgedacht.)

Jetzt habe ich selbst Kinder und die Idee einer Wohnstube beginnt sich mir so langsam zu erschließen. Chelsea und ich haben keine, aber ich verstehe die Motivation. Ich glaube, meine Mutter hatte nur deshalb eine Wohnstube, weil sie Kinder hatte. Und Kinder schaffen es, dass du denkst, du hättest nichts mehr im Griff – als hätten Unordnung und Chaos dein Leben überwältigt.

Ich glaube, meine Mutter hat sich manchmal davongestohlen, wenn keiner von uns sie beobachtete, sich die Wohnstube angesehen und bei sich gedacht: *Ich habe alles im Griff. Ich habe das Sagen. Ich bin normal. Schau dir die Staubsaugerrillen auf dem Teppichboden an. Es geht mir gut.*

Das war wie eine Therapie. Von Zeit zu Zeit brauchen wir das alle mal.

Auf dem Sofa essen

Die Wohnstube ist ein tolles Bild für die Art und Weise, wie manche von uns mit Gott in Beziehung treten. Wir bewundern ihn aus der Ferne, aber wir leben weder mit ihm, noch genießen wir ihn.

Ich glaube nicht, dass wir das absichtlich tun. Es ist nur einfacher, davon auszugehen, dass Gott bewundert und geehrt werden will. Es ist logisch, dass wir ihm dienen, zu ihm beten, von ihm lesen, ihn anbeten und ihm geben sollen. Aber ihn genießen? Mit ihm leben? Das ist schwerer zu fassen.

Jesus sprach in Johannes, Kapitel 15, Verse 1-10 von diesem Thema. Achte einmal darauf, wie oft das Wort *bleiben* verwendet wird.

> *Ich bin der wahre Weinstock und mein Vater ist der Weingärtner. Er schneidet jede Rebe ab, die keine Frucht bringt, und beschneidet auch die Reben, die bereits Früchte tragen, damit sie noch mehr Frucht bringen. Ihr seid schon durch die Botschaft, die ich euch gegeben habe, beschnitten.* ***Bleibt*** *in mir, und ich werde in euch* ***bleiben****. Denn eine Rebe kann keine Frucht tragen, wenn sie vom Weinstock abgetrennt wird, und auch ihr könnt nicht, wenn ihr von mir getrennt seid, Frucht hervorbringen.*
>
> *Ich bin der Weinstock; ihr seid die Reben. Wer in mir* ***bleibt*** *und ich in ihm, wird viel Frucht bringen. Denn getrennt von mir könnt ihr nichts tun. Wer nicht in mir* ***bleibt****, wird fortgeworfen wie eine nutzlose Rebe und verdorrt. Solche Reben werden auf einen Haufen geworfen und verbrannt. Doch wenn ihr mit mir verbunden* ***bleibt*** *und meine Worte in euch* ***bleiben****, könnt ihr bitten, um was ihr wollt, und es wird euch gewährt werden! Darin wird mein Vater*

verherrlicht, dass ihr viel Frucht hervorbringt und meine Jünger werdet.

Ich habe euch genauso geliebt, wie der Vater mich geliebt hat. ***Bleibt*** *in meiner Liebe. Wenn ihr mir gehorcht,* ***bleibt*** *ihr in meiner Liebe, genauso wie ich meinem Vater gehorche und in seiner Liebe* ***bleibe****.*

Wie ich schon sagte, wird der Begriff *bleiben* in dieser Stelle ständig wiederholt. Das scheint hier der Leitgedanke zu sein. Bleiben bedeutet an dieser Stelle »dableiben, sich aufhalten, wohnen, bei oder in etwas bleiben«. Es betont die Vorstellung einer Langzeitbeziehung. An einem bestimmten Ort zu bleiben bedeutet, dort zu leben, nicht nur gelegentlich auf einen Besuch vorbeizukommen oder aus der Ferne zu staunen. Im Grunde genommen bedeutet es, dass du auf dem Teppich laufen und auf den Möbeln sitzen darfst, ohne mütterlichen Zorn fürchten zu müssen.

Jesus sagt uns, wir sollen in ihm und in seiner Liebe bleiben. Dann bringt er unser Bleiben mit Dingen wie Freude, Fruchtbarkeit, Gehorsam und andere zu lieben in Verbindung.

Wenn wir nicht verstehen, was es bedeutet, in Jesus zu bleiben – das heißt, wenn wir nicht wissen, wie wir mit ihm leben und ihn genießen sollen –, neigen wir dazu, den Teil des Bleibens zu überspringen und uns nur darauf zu konzentrieren, wie wir an den Rest der mathematischen Gleichung kommen – die Freude, die Frucht und die guten Werke. Das funktioniert nicht wirklich gut, denn der Schlüssel zu all diesen Dingen ist, in Jesus zu bleiben.

Schau dir jetzt Psalm 51, Vers 12 (SLT), an: »Gib mir wieder die Freude an deinem Heil, und stärke mich mit einem willigen Geist!« Diesen kleinen Vers schrieb König David. Er schrieb ihn, kurz nachdem er mit der Frau seines Nachbarn geschlafen und diesen dann umgebracht hatte, um den Ehebruch zu vertuschen.

Das war definitiv kein Höhepunkt in seinem Leben. Jetzt tat er Buße und bat um Wiederherstellung.

Schon Jahrhunderte vor dem Tod Jesu am Kreuz verstand David ganz klar, dass Freude ein Hauptbestandteil des Heils bzw. der Rettung ist. Er sagte: »Ich brauche Wiederherstellung. Diese Freude muss wiederhergestellt werden.«

Ich empfinde, dass viele Menschen nicht wissen, wie man Gott genießt. Einerseits wissen sie nicht, ob sie es überhaupt tun sollten. Sie wissen nicht, ob es erlaubt oder angemessen ist. Es scheint irgendwie respektlos. Andererseits wissen sie wirklich einfach nicht, wie sie Gott genießen sollen. Sie wollen es zwar, aber rein praktisch verstehen sie nicht, wie man einfach nur Zeit mit Gott verbringt.

Viele von uns behandeln Gott wie ein teures, antikes Möbelstück. Warst du schon einmal bei Freunden zu Hause und hast dort einen alten, heruntergekommenen Stuhl gesehen, von dem du natürlich annahmst, dass man darauf sitzen darf? Du setzt dich also drauf und sie sagen: »Hey, hey, hey! *Hey*! Was machst du denn da?«

»Ähm, Entschuldigung? Ich wollte mich hier hinsetzen, auf diese Sitzgelegenheit.«

»Das ist nicht zum Sitzen da.«

»Es ist doch ein Stuhl.«

»Aber er ist nicht zum Sitzen da.«

»Oh, natürlich. Warum auch? Mein Fehler.«

»Er ist nur zum Bewundern. Er ist teuer und alt und cool.«

Manchmal behandeln wir Gott wie einen antiken Stuhl, obwohl Gott in Wirklichkeit mehr wie ein Sofa von IKEA ist. Ich meine damit natürlich nicht in seinem Wert oder seiner Schönheit oder seiner Pracht – er ist in jeglicher Hinsicht unvergleichlich. Aber in Bezug auf Beziehung behandeln wir Gott oft mehr wie eine teure Antiquität, obwohl er uns dazu auffordert, ihn wie ein Sofa von IKEA zu behandeln.

Komm schon; wir alle hatten schon mal eins. Es hat so etwa acht Euro gekostet, oder? Und aus irgendeinem Grund ist es dunkelgrün. Dunkelgrün kaschiert alles. Und wenn die Kinder auf dem teuren Sofa essen wollen, sagen wir: »Auf meinem Sofa wird nicht gegessen. Ihr könnt auf eurem Sofa essen. Unter diesen Polstern stecken schon genug Geheimnisse und Schätze. Geht und genießt euer IKEA-Sofa.«

Wo findet dein Leben eigentlich wirklich statt? Auf dem IKEA-Sofa.

Oder vielleicht hast du einen dieser alten Liegesessel. Einen La-Z-Boy aus den Achtzigern. Deine Frau und deine Kinder haben dich schon bekniet, dass du ihn loswirst. Er stinkt und trägt deinen Körperabdruck. Selbst wenn du nicht da bist, ist es, als würdest du immer noch darauf sitzen. Wenn wir dir Hosen kaufen wollten, könnten wir daran deine Größe abmessen. Aber er ist dein Ort der Glückseligkeit. Deine Arbeitswoche war echt anstrengend, es ist Freitagnachmittag, noch drei Stunden bis Feierabend, und was ist deine Motivation? Dieser Sessel. Dort kannst du entspannen. Dort lebst du.

Gott will, dass wir in ihm leben. Gott will, dass wir bei ihm leben. Gott will, dass wir uns in ihm zurücklehnen.

Das Leben mit Gott ist eine Liebesbeziehung. Keine Aufgabenbeschreibung und keine Geschäftsverhandlung. Keine Schulaufgabe und kein Sportvertrag. Wir können das Leben mit ihm nicht auf eine Liste von Ge- und Verboten reduzieren.

Wir erleben ihn einfach. Wir wachsen zu ihm hin. Wir lernen, uns seiner Gegenwart bewusst zu sein, seine Gesellschaft zu schätzen und die Freude, die er über unser Leben empfindet, mit ihm zu teilen.

Das Leben zu genießen und Gott zu genießen sind untrennbar miteinander verbunden. Wir genießen das Leben am meisten, wenn wir Gott genießen; und wenn wir Gott genießen, lieben wir das Leben noch mehr. Das Leben ist gut und mit Gott ist es sogar noch besser.

Gott zu genießen bedeutet nicht, dass wir in die Berge ziehen und jede Minute in einem einsamen Gebet verbringen. Wir können Gott natürlich im Gebet, in der Anbetung und der Einsamkeit genießen, aber Gott genießen ist weitaus mehr als das. Es bedeutet, sich bewusst zu sein, dass Gott bei uns und für uns ist – überall, immer, egal was kommt. Es bedeutet, von ihm zu lernen und sich an ihn anzulehnen. Es bedeutet, eine echte Beziehung mit ihm zu entwickeln.

Was ist, wenn Gott heute ein paar Minuten mit dir lachen möchte? Was ist, wenn er mit dir weinen möchte? Was ist, wenn er mit dir spazieren gehen oder in der Küche mit dir plaudern möchte oder die Pause bei der Arbeit oder die Freistunde in der Schule mit dir verbringen will? Kannst du dir vorstellen, wie das aussehen würde?

Das soll nicht unheimlich, esoterisch oder seltsam klingen. Ich spreche davon, unseren Verstand und unser Herz für die Realität der Gegenwart Gottes zu öffnen.

Wir müssen nicht allein durchs Leben gehen. Es war nie beabsichtigt, dass wir allein sind. Wir können das Leben mit dem Urheber des Lebens zusammen erleben – mit dem, der uns entworfen hat, der uns besser kennt als wir uns selbst. Erst dann wird das Leben wirklich genießbar.

Mit Gott macht das Leben mehr Spaß. Gott gibt dem Leben einen Sinn. Gott macht das Leben lebenswert.

Hinter der Milchglasscheibe

Mir gefällt dieser Satz aus Johannes 15: »Ich habe euch genauso geliebt, wie der Vater mich geliebt hat« (Vers 9). Das ist unglaublich. Jesus hat exakt dieselbe Liebe für uns, die Gott für Jesus hat. Es ist nicht schwer sich vorzustellen, dass Gott Jesus liebt; Jesus war vollkommen. Jesus liebte jeden. Jesus tat alles, was Gott wollte.

Aber manchmal denken wir: *Wie kann mich Jesus denn so lieben? Ich habe nie so viel für ihn getan. Eigentlich mache ich ständig alles falsch. Es ist unmöglich, dass Jesus mich genauso liebt, wie Gott Jesus liebt.*

Ich glaube, dass das, was die Bibel als Verdammnis bezeichnet, eine der größten Hürden ist, um Gott zu genießen.

Lass es mich veranschaulichen. Ich reise ziemlich oft mit dem Flugzeug, darum habe ich auch schon viel Zeit im Fegefeuer verbracht – damit meine ich die Flughäfen. Ich habe festgestellt: Wenn man oft und lange auf Flughäfen ist, macht es einen Riesenunterschied, wenn man einen ruhigen Ort findet, wo man sich ausruhen oder zurückziehen kann.

Jeder Vielflieger weiß, wenn man mit einer bestimmten Fluggesellschaft genug fliegt, bekommt man einen gewissen Mitgliedschaftsstatus verliehen. Dieser Status ist der Beweis dafür, dass man viel fliegt und eigentlich kein Leben hat.

Aus irgendeinem Grund wird dieser Status oft nach Edelmetallen oder seltenen Edelsteinen benannt. »Herzlichen Glückwunsch! Sie sind jetzt Gold-Mitglied« oder »Sie haben jetzt den Diamanten-Status erreicht«.

Man will nicht zu den weniger wertvollen Materialien absteigen. Wenn man von Gold zu Silber und dann zu Holz und Ton gelangt, ist das nicht gut. Man will auf der wertvollen, seltenen Seite der Metalle und Edelsteine bleiben. Das ist der Schlüssel.

Einige Fluggesellschaften haben mir diese Art von Status verliehen, was ich sehr schätze. Kürzlich war ich auf dem Flughafen und kam zu diesem Geheimversteck, dieser ganz besonderen Lounge. Am Tresen war eine nette Dame, die meinen Berechtigungsnachweis prüfen und sehen wollte, ob ich wirklich so viel Zeit mit dieser Fluggesellschaft verbracht habe, dass sie mir erlauben kann, hinter die Milchglasscheibe zu gehen, wo die glücklichen Menschen sind; Menschen, die Teegebäck, Datteln mit Käsefüllung und Mozzarella-Stückchen essen und Sprudelwasser und kostenlosen Kaffee trinken. Das ist der Ort, an dem du sein willst. Pralle Polstersessel, hyperschnelles Wi-Fi – du willst bei den Menschen hinter der Milchglasscheibe sein. Glaub mir. Du willst nicht draußen im Fegefeuer umherirren.

Normalerweise ist es so, dass du ihnen deine Karte gibst und sagst: »Hier, ich habe kein Leben, sehen Sie selber nach.«

Und dann sagen sie: »Wow, Sie verbringen Ihr ganzes Leben in einer Metallröhre in der Luft.«

Dann ziehen sie die Karte durch und starren eine Weile lang geheimnisvoll auf den Bildschirm, dann tippen sie etwas ein und dann sagen Sie: »Willkommen, Mr. Smith.« Und du kannst wieder zu den Menschen hinter der Milchglasscheibe gehen.

Doch gelegentlich, wenn du gerade nicht so oft geflogen bist wie sonst, kommst du an den Tresen, sie ziehen deine Karte durch, Pause, sie tippen etwas, Pause, sie rufen einen ihrer Kollegen, sehen unglücklich drein und tippen noch einmal.

Normalerwiese bildet sich in der Zwischenzeit hinter dir eine lange Schlange von Edelmetallen und seltenen Edelsteinen. All die Gold-, Silber-, Platin- und Diamantmenschen versuchen hartnäckig, sich ihren Weg hinter die Milchglasscheibe zu bahnen, und du hinderst sie daran.

Und schon stehen der Kollege, der Manager und der Besitzer der Fluggesellschaft um den Tresen herum und alle schauen besorgt auf den Bildschirm. Und schließlich sagt einer von ihnen: »Sir, es tut uns leid.«

Du denkst: *Was tut Ihnen leid?*

»Sir, Ihr Status hat sich geändert. Es fällt uns nicht leicht, Ihnen das zu sagen, aber sie sind nicht mehr Goldmitglied. Nur noch Silber. Eigentlich – richtigerweise – nur noch Kupfer. Ihr Status stürzt in den Keller, während wir sprechen. Unsere Security wird Sie jetzt hinausbegleiten. Wir wünschen Ihnen noch einen schönen Tag.«

Während du hinausgehst, sagen die Diamanten- und Gold-Leute: »Ich will Sie nicht noch einmal in meiner näheren Umgebung haben, Sie Tonklumpen.«

Das Schlimmste daran ist, dass du schon einmal dort warst. Hinter der Milchglasscheibe. Aber jetzt wirst du abgewiesen. Es wäre nett – ich spreche jetzt gerade nur zu den Fluggesellschaften –, wenn Sie uns irgendwie vertraulich mitteilen könnten, dass sich unser Status geändert hat. Geben Sie uns etwas Würde. Vor all den Edelsteinen und Edelmetallen ist das ziemlich peinlich.

Das ist ein tolles Beispiel dafür, wie viele Menschen ihre Beziehung mit Gott betrachten. Wir denken, wenn wir nicht genug tun, nicht genug Leistung erbringen oder zu viel Falsches tun, wird Gott ohne Warnung und im peinlichsten Moment unseren Status ändern. »Tut mir leid. Du hast nicht mehr den gleichen Zugang wie früher. Du kannst nicht mehr mit den gleichen Mitteln rechnen wie früher. Du kannst nicht den Segen erwarten, den du früher erlebt hast. Dein Status hat sich geändert.«

Wir fassen diesen Gedanken nicht so offensichtlich und geradeheraus in Worte, doch unsere Taten, Gebete und Gefühle offenbaren, dass er tief in uns da ist. Wir glauben, dass unser Status vor Gott aufgrund unserer Leistung Änderungen unterworfen ist.

Eine meiner Lieblingsstellen in der ganzen Bibel steht in Römer, Kapitel 8, Verse 1-4:

Also gibt es jetzt für die, die zu Christus Jesus gehören, keine Verurteilung [Verdammnis] mehr. Denn die Macht des Geistes, der Leben gibt, hat dich durch Christus Jesus von der Macht der Sünde befreit, die zum Tod führt. Das Gesetz konnte uns nicht retten, weil unsere menschliche Natur ihm widerstand. Deshalb sandte Gott seinen Sohn zu uns. Er kam in menschlicher Gestalt wie wir, aber ohne Sünde. Gott zerstörte die Herrschaft der Sünde über uns, indem er seinen Sohn stellvertretend für unsere Schuld verurteilte. Das tat er, damit die gerechten Forderungen des Gesetzes durch uns erfüllt würden und wir uns nicht länger von unserer menschlichen Natur, sondern vom Geist Gottes leiten lassen.

Das Wort *Verdammnis* bedeutet einen Schuldspruch. Diese Stelle widerspricht ausdrücklich der Vorstellung, dass unser Status vor Gott sich ändern kann. Sie erklärt ohne Zögern, ohne Einschränkung, ohne Ausnahme und ohne Entschuldigung, dass wir nicht verurteilt werden können, wenn wir zu Jesus gehören. Wir können für unsere Sünden nicht schuldig gesprochen oder verurteilt werden.

Wenn wir Jesus folgen, haben wir einen gerechten Status vor Gott. Der Hammer ist gefallen und unsere Gerechtigkeit ist im Werk von Jesus Christus sicher. Unsere Leistung verändert Gottes Urteilsspruch nicht. Wir sind nicht durch unsere Leistung gerecht geworden, und wir können unsere Gerechtigkeit nicht auf Grund unserer Leistung verlieren. Wir müssen keine Sorge haben, dass man uns aus Gottes Räumlichkeiten hinausbegleitet. Wir haben Zugang, wir haben die Mittel und wir haben Segnungen aufgrund von Jesus.

Es ist einfach, diese Art von Botschaft zu hören und darüber begeistert zu sein. Wir hören am Sonntag einen Prediger über Gottes Vergebung sprechen und sagen: »Hurra! Ich bin drin! Das ist toll!« Aber dann kommt Montag, und es ist wirklich schwer, diese Realität anzuwenden, wenn wir einen dieser Momente haben, wo wir unseren Verstand verlieren, dumme Entscheidungen treffen, jemanden beschimpfen oder diese idiotische, lächerliche Sache tun, von der wir geschworen haben, sie nie wieder zu tun.

Dann kommen plötzlich die negativen Emotionen. Hier kommen die unguten Gefühle. Hier kommt das Empfinden, dass unser Status wahrscheinlich nicht mehr derselbe sein kann wie gestern in der Gemeinde. Das nennt die Bibel Verdammnis. Sie ist ein sehr reales Phänomen.

Wenn du ein Nachfolger Jesu, ein Christ, bist und noch nie Verdammnisgefühle hattest, bist du wahrscheinlich Gott. Der Rest von uns Sterblichen hat es schon erlebt. Schuld. Scham. Ein Gefühl, dass unser Status sich geändert hat.

Ich werde noch weitergehen, und zunächst mag das sonderbar klingen, aber ich glaube, dass wir eigentlich auf eine sehr sadistische Weise Gefallen an Verdammnis haben. Warum? Weil Verdammnis logisch ist und in einem sonderbaren, verdrehten, finsteren Sinne unser Fleisch befriedigt. Es fühlt sich eigentlich richtig an, sich schrecklich, deprimiert, bedrückt und verzweifelt zu fühlen. »Ich habe alles falsch gemacht. Ich hab so etwas Dummes getan. Das geschieht mir recht.«

Aber eigentlich nützt uns Verdammnis überhaupt nichts. In den obigen Bibelversen steht, dass, wenn wir zu Jesus gehören, Verdammnis kein Bestandteil unserer Existenz auf diesem Planeten sein sollte.

Als Menschen sind wir Experten darin, unsere Gefühle mit der Realität zu verwechseln. Wir nehmen unsere negativen Emotionen und Gedanken für bare Münze und denken: Ich fühle mich schlecht, also muss ich schlecht sein. Ich fühle mich schuldig, also muss ich schuldig sein. Und wenn ich von mir selbst enttäuscht und auf mich sauer bin, muss Gott noch viel enttäuschter und saurer auf mich sein.

Weil wir uns verdammt fühlen, denken wir, wir seien verdammt. Und weil wir glauben, wir seien verdammt, strengen wir uns noch mehr an, um unseren verlorenen Status wiederzuerlangen. Anstatt zuversichtlich zu Gott zu gehen und um seine Gnade zu bitten, damit wir wieder aufstehen und im Leben vorwärts gehen können, versuchen wir, uns selbst zu verarzten und zusammenzuflicken, damit wir zurück in den gerechten Status vor Gott kommen können.

Da wir nie auch nur annähernd vollkommen sein werden, ist es ironischerweise so, dass wir uns umso schlimmer fühlen werden, je mehr wir versuchen, uns unsere Gerechtigkeit zu verdienen. Das ist der Teufelskreis der Verdammnis.

Ich finde, es ist viel einfacher zu glauben, dass wir Sünder sind, als zu glauben, dass wir gerecht sind. Aber wir sind durch Jesus bereits gerecht. Es ist ein Geschenk und heißt Gnade. Wie viel Zeit verschwenden wir als Nachfolger Jesu mit dem Versuch, etwas wiederzuerlangen, was wir schon längst haben?

Feiern wie ein verlorener Sohn

Ich möchte mit einem der bekanntesten Gleichnisse, das Jesus je erzählt hat, zum Ende kommen. Es ist bekannt als das Gleichnis vom verlorenen Sohn und steht in Lukas, Kapitel 15.

Ein Vater hat zwei Söhne. Eines Tages sagt der Jüngere: »Papa, ich will mein Erbe schon jetzt haben.« Sein Vater gibt es ihm und der Sohn zieht in irgendeine wilde Stadt, lebt ein verrücktes Leben und verprasst das ganze Geld. Am Ende hat er Hunger, steckt im Schlamassel und ist verzweifelt. Darum nimmt er eine Stelle auf einer Schweinefarm an. Irgendwann fällt ihm auf, dass er buchstäblich eifersüchtig auf den Abfall ist, den die Schweine fressen. In diesem Moment kommt er zur Besinnung und denkt: *Ich werde zu meinem Vater nach Hause gehen und ihn um eine Stelle bitten. Ich weiß, dass ich nicht mehr sein Sohn sein kann, aber dann werde ich wenigstens nicht verhungern. Ich werde mir meinen eigenen Lebensunterhalt verdienen.*

Also bereitet er eine mitleiderregende kleine Rede vor und macht sich auf den Weg nach Hause. In der Bibel steht: »Er war noch weit entfernt, als sein Vater ihn kommen sah. Voller Liebe und Mitleid lief er seinem Sohn entgegen, schloss ihn in die Arme und küsste ihn.«

Der Sohn startet seine vorbereitete Rede: »Ich habe gesündigt, gegen den Himmel und auch gegen dich, und bin es nicht mehr wert, dein Sohn zu heißen.«

Der Vater ignoriert völlig, was sein Sohn sagt und wendet sich an seine Diener: »Bringt die besten Kleider im Haus und zieht sie ihm an. Holt einen Ring für seinen Finger und Sandalen für seine Füße. Und schlachtet das Kalb, das wir im Stall gemästet haben, denn mein Sohn hier war tot und ist ins Leben zurückgekehrt. Er war verloren, aber nun ist er wieder gefunden.«

Und dann steht da »Ein Freudenfest begann«. Übersetzung: Sie feierten eine ausgelassene Party!

Ich frage mich, wie viel Zeit verging zwischen der Rückkehr des Sohnes und seinem Electric Slide auf der Tanzfläche. Ein paar Minuten? Ein paar Stunden?

Es kann nicht sehr lange gewesen sein, denn der ältere Bruder war draußen auf dem Feld, arbeitete, schwitzte und schuftete dort, und als er zurückkam, war die Party bereits in vollem Gange. Noch bevor er zu Hause ankommt, kann er die Musik und das Gelächter über die Felder streichen hören.

Es ist schwer für mich, diese unlogische, irrwitzige, skandalöse Szene zu begreifen, die Jesus hier beschreibt. Und denk daran, der Kern der Geschichte ist, dass die Liebe des Vaters für den verlorenen Sohn eine Beschreibung der Liebe Gottes für uns ist.

Der Junge hat das sauer verdiente Geld seines Vaters verschwendet. Er hat ihn respektlos behandelt und ihm nicht gehorcht. Er hat ein wildes und derbes Leben geführt. Er war kaum lange genug zu Hause, um zu duschen, sich zu rasieren und seine neuen Kleider und den Schmuck anzulegen, und jetzt ist dieser missratene, ausgerissene Sohn mit seinen Kumpanen auf der Tanzfläche.

Was?

Die einzige Person in der Geschichte, die logisch denkt, ist der ältere Sohn. Er sagt: »Papa, das ergibt keinen Sinn. Mein Bruder ist ein Idiot, aber du hast einen DJ angestellt und schmeißt ihm eine Party?«

Die meisten von uns würden, wenn wir die Party geben würden, dem jüngeren Sohn sagen: »Sohn, setz dich da drüben hin. Denk noch nicht einmal daran zu tanzen. Du sitzt dort und schaust zu, wie die anderen Spaß haben und denkst darüber nach, was du Dummes mit meinem Geld angestellt hast.« Nicht so dieser Vater. Denk darüber nach. Er bestand darauf, dass sein Sohn tanzt. Er bestand darauf, dass er seine eigene Rückkehr feiert.

Jesus wollte folgenden Grundsatz vermitteln: Wenn wir sündigen, ist das Beste, was wir tun können, seine Liebe zu genießen. Nicht, in der Ecke zu schmollen; nicht, uns für unsere Fehler zu geißeln; und nicht, eine Menge leerer Versprechungen zu machen. Das Beste ist, in der niemals endenden Gerechtigkeit Gottes zu schwelgen und sich an ihr zu erfreuen.

Wir brauchen die Freude unserer Rettung am dringendsten, wenn wir uns fühlen, als hätten wir sie am wenigsten verdient.

14

Eine völlig neue Welt

Aladdin

Ich bin ein großer Fan von Disneys Zeichentrickfilmen, zumindest von den meisten. Ich weiß nicht warum, aber für mich sind die Lieder aus den Filmen einfach Ohrwürmer. Für jede Situation im Leben gibt es ein Lied aus einem Disneyfilm. Manche zitieren aus *Der Pate.* Andere zitieren aus *Monty Python und der Heilige Gral.* Ich zitiere aus Walt Disney-Filmen. Das sind die wahren Klassiker.

Erinnerst du dich an *Aladdin*? Der Film ist schon älter als mir lieb ist, aber ich erinnere mich noch ganz genau. Immer noch singe ich ab und zu aus voller Kehle von einer völlig neuen Welt und einer neuen fantastischen Perspektive: »A whole new world / A new phantastic point of view …«

Eigentlich bezog sich das Lied auf die romantische Aussicht von einem fliegenden Teppich, aber ich beziehe es auf das neue Leben, das wir in Jesus entdecken. Wie ich schon sagte, Disney hat für alles ein eigenes Lied.

In 2. Korinther, Kapitel 5, steht: »Das bedeutet aber, wer mit Christus lebt, wird ein neuer Mensch. Er ist nicht mehr derselbe, denn sein altes Leben ist vorbei. Ein neues Leben hat begonnen!« (Vers 17). In diesem Vers steht nicht, dass wir einen Neustart oder eine neue Gelegenheit oder ein paar Verbesserungen oder einige tolle Zugaben bekommen. Da steht, dass wir durch Jesus ein neuer Mensch sind. Alles an unserem Leben ist neu.

Ich bin überzeugt, dass Gott uns eine völlig neue Welt zeigen will. Ich spreche auch nicht vom Himmel, obwohl er die letzte und bedeutendste neue Welt ist. Ich spreche von einer neuen Art, hier auf der Erde zu leben.

Ich glaube, Jesus kam vor allem auf die Erde, um die Strafe für unsere Sünden zu bezahlen; aber ich glaube, er kam auch, um uns ein Beispiel dafür zu geben, wie man das Leben so lebt, wie es gedacht war. Wenn wir bereit sind zuzuhören und zu lernen, zeigt er uns, wie wir die Zufriedenheit und Erfüllung finden können, die Gott für uns geplant hat.

Dieser neue Weg zur Zufriedenheit, diese völlig neue Welt, finden wir nicht in Anstrengung, Arbeit und Zwang, sondern darin, dass wir Gott genießen.

Wertvollster Passagier

Ich erzähle jetzt eine weitere meiner Fluggeschichten. Zu eigentherapeutischen Zwecken. Ich hoffe, es ist auch für dich heilsam.

Ich habe gewisse Probleme, wenn es ans Boarding geht. Der Spielplan hat sich in letzter Zeit ein wenig geändert, denn früher hat man normalerweise sein ganzes Gepäck aufgegeben. Heute will keiner mehr Gepäck aufgeben, darum stopfen alle ihre Kleidung für zwei Wochen in die größtmögliche Handgepäcktasche, die sie finden können. Sie wiegt 36 kg und ist so voll, dass sie mit Klebeband fixiert werden musste, um sie zuzubekommen, aber wenigstens muss man keine Gebühr dafür bezahlen und weiß, dass die Fluggesellschaft nichts davon verliert.

Darum sind jetzt zweihundert Menschen in einem überfüllten Warteraum, alle mit ihren übergroßen Handgepäckstücken, Handtaschen, Aktenkoffern, Musikinstrumenten, Haustieren und Kleinkindern. Und wir waren alle schon einmal in dieser Situation, darum wissen wir eines sicher: Der Platz in den Gepäckablagen reicht nie aus.

Sobald der Angestellte der Fluggesellschaft beginnt, ins Mikrofon zu sprechen, stürzen alle nach vorne. Die Fluggesellschaft hat noch nicht mit dem Boarding begonnen, doch das hält niemanden davon ab, sich vor das Gate zu drängen, um den besten Platz zu rangeln und darauf zu warten, dass der eigene Sitzplatzbereich zum Boarding aufgerufen wird.

Am besten finde ich es, wenn die Leute von der Fluggesellschaft ans Mikrofon gehen, um einen zu beruhigen: »Jeder wird ins Flugzeug kommen. Beruhigen Sie sich. Treten Sie zurück. Machen Sie Platz.« Das macht einen nur noch aufgeregter und verzweifelter. Und lässt einen vermuten, dass das eine glatte Lüge ist.

Wie ich schon sagte, fliege ich ziemlich regelmäßig, darum hat mir eine Fluggesellschaft einen – wie sie es nennen – MVP-Status verliehen. Ich weiß nicht genau, wofür das P steht: Most Valuable Passenger, also wertvollster Passagier, vielleicht? Als Bonus erhalte ich jedenfalls frühen Zutritt zum Boarding.

Ich kann dichtes Gedränge nicht leiden. Ich kann keine Rudel oder Massenanstürme leiden. Vielleicht stört dich das Gedränge nicht, aber ich habe ein Problem mit meiner persönlichen Distanzzone. Ich denke nur: *Ich muss das einatmen, was die anderen von sich geben.* Keine gute Situation. Darum halte ich mich zurück, bis das Boarding wirklich beginnt, anstatt mich in die Menschenmasse zu quetschen, die sich um das Gate drängt.

Als Pastor glaube ich, dass alle Menschen gleich viel wert sind. Ich bin mir sicher, dass du das auch glaubst. Aber es scheint nicht so, wenn gesagt wird: »Wir möchten das Boarding jetzt gerne mit den ganz besonderen und besseren MVPs beginnen.« Ich muss mich durch zweihundert Menschen mogeln und schlängeln, um nach vorne zu gelangen, und es fühlt sich nicht sehr pastoral an, wenn ich dabei über Tiere und kleine Kinder schreiten und an all diesen verzweifelten, bettelnden Gesichtern vorbeigehen muss. Aber ich brauche auch Platz für mein Handgepäck, darum dränge ich weiter.

Ich weiß nicht, wie man das elegant macht. »Ähm, sind Sie – sind Sie ein MVP? Sind sie auch wertvoll? Nein? Ach, ich aber. Entschuldigen Sie, ich drängele mich hier jetzt mal vor.« Am schlimmsten ist es, wenn eines der Gesichter mich erkennt. »Pastor Judah? Sind Sie das? Sind Sie in der ersten Klasse?« Man kann das nicht elegant lösen, denn beim Boarding ist sich jeder selbst der Nächste. Es grenzt an gewaltige Ausschreitungen.

Mit einer Menschenmasse im Wettstreit um begrenzte Ressourcen zu liegen, hat etwas Verzweifeltes an sich. Dieses Gefühl ist natürlich nicht auf Flughafen-Gates begrenzt – für viele von uns scheint es Teil des alltäglichen Lebens zu sein.

In Johannes 5, Verse 1-15, steht eine Geschichte, die dieses Ringen illustriert:

> *Danach ging Jesus zu einem der jüdischen Feste nach Jerusalem hinauf. Innerhalb der Stadtmauern, in der Nähe des Schaftores, befindet sich ein Teich mit fünf Säulenhallen, der auf Hebräisch Bethesda genannt wird. Scharen von kranken Menschen – Blinde, Gelähmte oder Verkrüppelte – lagen in*

den Hallen. Einer der Männer, die dort lagen, war seit achtunddreißig Jahren krank. Als Jesus ihn sah und erfuhr, wie lange er schon krank war, fragte er ihn: »Willst du gesund werden?«

»Herr, ich kann nicht«, sagte der Kranke, »denn ich habe niemanden, der mich in den Teich trägt, wenn sich das Wasser bewegt. Während ich noch versuche hinzugelangen, steigt immer schon ein anderer vor mir hinein.«

Jesus sagt zu ihm: »Steh auf, nimm deine Matte und geh!« Im selben Augenblick war der Mann geheilt! Er rollte die Matte zusammen und begann umherzugehen.

Doch dies geschah an einem Sabbat, und das wollten die führenden Männer des jüdischen Volkes nicht dulden. Sie sagten zu dem Mann, der geheilt worden war: »Du darfst am Sabbat nicht arbeiten! Es ist gegen das Gesetz, diese Matte herumzutragen!«

Er entgegnete: »Der Mann, der mich geheilt hat, sagte zu mir: ›Nimm deine Matte und geh!‹«

»Wer ist dieser Mann, der das zu dir gesagt hat?«, fragten sie. Der geheilte Mann wusste es aber nicht, denn Jesus war in der Menge verschwunden. Später traf Jesus den Mann im Tempel wieder und sagte zu ihm: »Du bist jetzt gesund. Nun höre auf zu sündigen, damit dir nicht noch etwas Schlimmeres widerfährt.«

Danach suchte der Mann die führenden Juden wieder auf und berichtete ihnen, dass es Jesus war, der ihn geheilt hatte.

Was ich witzig finde: Wir lesen solche antiken Bibelstellen und idealisieren die Situation. Wir stellen uns ordentliche Reihen von Menschen vor, die am Teich herumliegen und kühle Getränke schlürfen. Und wenn dann der Engel das herrliche, kristallklare

Wasser bewegt, schauen sich all die Gelähmten und Blinden an und sagen zueinander: »Nur zu, Sie waren zuerst hier.« Und einer nach dem anderen wird geheilt.

Nein, es ist eher so wie das Boarding eines Flugzeuges an Weihnachten, nachdem der Flug um sechs Stunden verschoben worden ist. Es ist chaotisch. Jeder ist sich selbst der Nächste.

Kannst du dir die Spannung vorstellen, die an diesem Teich herrschte? In der Geschichte steht, dass dort »Scharen von Menschen« waren. Wie viele waren das? Man kann mit Sicherheit sagen, dass es Hunderte von verzweifelten und kranken Menschen waren. Und jeder einzelne dachte: *Vielleicht werde ich dieses Mal geheilt.*

Es herrscht eine Ellbogenmentalität. Eine Kultur des Durcheinanders, der Unordnung, des Drucks, der Spannung und der Angst. Jeder versucht, die anderen Hilfesuchenden auszunutzen und zu schlagen.

Wenn du diese Stelle mit ein bisschen Abstand betrachtest, merkst du, dass dieser Mann für dich und mich steht und dass diese Kultur die Menschheit an sich symbolisiert. Unsere Gesellschaft ist oftmals krank und verzweifelt. Unsere Beziehungen sind zerstört und eigennützig. Wir befinden uns oft in einem Umfeld von Spannungen, Getue und Manipulation. Wir denken, wir müssten mitmachen, um weiterzukommen oder um einfach nur zu überleben. Wir wollen nicht so funktionieren, aber wir scheinen keine andere Wahl zu haben.

Die Beziehungs-, Gesellschafts- und Gefühlsprobleme sind echt. Diese Szene am Teich Bethesda steht für unseren Planeten und die Menschen, die darauf leben. Wir sind dieser Mann.

Steh auf

Jesus fragt diesen Mann am Teich Bethesda: »Willst du gesund werden?«

Die offensichtliche Antwort wäre gewesen: »Ja! Klar! Willst du mich veräppeln?« Aber dieser Mann verweist auf seine unmögliche Situation. Er ist schon seit fast vier Jahrzehnten krank. Er hat niemanden, der ihm hilft, im Leben voranzukommen. Er hat jede Menge Fast-Erfolge gehabt. Aber irgendjemand kommt ihm bei der Heilung immer zuvor. Irgendjemand ist immer schneller, schlauer oder rücksichtsloser.

Klingt das nicht wie das Leben auf diesem Planeten? Hast du dich auch schon einmal so gefühlt? Du bist kurz vor einem genialen Geschäftsabschluss und man zieht dir den Boden unter den Füßen weg. Irgendjemand kommt und bekommt den Zuschlag, hat Erfolg und deine eigene Familie steht am Rande des Bankrotts.

Vielleicht spielst du in deinen Gedanken immer wieder diese Momente durch: Du standst genau dort am Rand deines Teichs Bethesda, kurz davor, das zu bekommen, wovon du jahrelang geträumt hattest. Aber jemand anders war immer schneller, gewiefter, gebildeter oder rücksichtsloser. Und du bist versucht, daraus zu schließen, dass das Leben den Schnellsten, Gewieftesten, Sturs-ten, den besten Manipulatoren und Netzwerkern und den Menschen gehört, die andere benutzen, um zum Teich ihrer Träume zu gelangen. Vielleicht ist das die einzige Möglichkeit, um in diesem Leben voranzukommen.

Viele von uns leben unter ungeheurer Spannung und Angst, weil wir glauben, dass unsere Träume erst dann wahr werden, wenn wir den richtigen Abschluss haben, den richtigen Leuten begegnen, die richtige Arbeitsstelle bekommen. Wir mutmaßen, dass unser Glück von unserem Erfolg abhängt und dass unser Erfolg von unserer Leistung abhängt. Darum schwitzen, kämpfen und intrigieren wir, schmieden Pläne und fragen uns, warum wir das Leben nicht genießen.

»Willst du gesund werden?«, fragt Jesus den Mann.

»Ich hab's versucht, aber –«

»Steh auf. Jetzt. Nimm deine Matte und geh frei, geheilt und glücklich deines Weges.«

Die Erfüllung seiner Träume liegt nicht darin, dass er sich an die Spitze rangelt. Sie liegt nicht darin, dass er sich nach vorne drängelt. Sie liegt in Jesus.

Du musst dich fragen, was dieser Mann denkt, als Jesus ihm sagt, er solle aufstehen. *Aufstehen? Na klar. Du hast leicht reden. Schon jahrelang versuche ich aufzustehen.*

Hast du dich schon einmal so gefühlt? Irgendjemand sagt dir, dass Gott dir helfen will, und du denkst: *So einfach kann es nicht sein. Weißt du, wie viele Jahre ich schon versuche, mich zu verbessern? Weißt du, wie viele Jahre ich schon versuche, meine Träume zu verfolgen? Du kannst mir nicht sagen, ich soll einfach aufstehen. Du kannst mir nicht sagen, ich soll einfach nur an Jesus glauben.*

Der Mann steht auf. Wie – und warum – reagiert dieser Mann? Spürt er etwas in seinem Körper? Fühlt er sich auf innerliche, unerklärliche Weise getrieben? Warum auch immer, er steht einfach auf. Und er tut etwas, wovon er sein ganzes Leben lang nur geträumt hat. Es ist in einem Augenblick geschehen, nach einer einfachen, unlogischen Aufforderung dieses geheimnisvollen Mannes.

Ich glaube, dem Mann wird klar, dass er keine andere Wahl hat. Seine Methode funktioniert nicht und wird es auch nie. Er ist mit seinem Latein am Ende. Und dann begegnet er Jesus.

Bist du auch mit deinem Latein am Ende? Bist du dieses Gehetze und das Chaos leid, von dem du glaubst, dass du es ertragen musst, um wahres Glück zu finden? Jesus bietet uns einen anderen Weg an.

Heilige Spielverderber

Richtig verrückt ist, wie die Leute darauf reagieren. Seit 38 Jahren sehen sie den armen Kerl. Sie kennen seine Misere. Sie wissen, dass sie ihm nie selbst hätten helfen können.

Doch es ist verwunderlich und wirklich heftig, dass diese Menschen so auf das Gesetz fixiert sind, dass sie sich nicht über die Tatsache freuen können, dass dieser Mann jetzt steht und herumläuft. Sie können nur sehen, dass jemand ihn am Sabbat geheilt hat und er jetzt am Sabbat sein Bett herumträgt. Sie hatten diese Dinge als Arbeit definiert und darum ist in ihren Augen gerade das Gesetz gebrochen worden. Das ist das einzige, worum es ihnen geht. Anstatt ihn zu beglückwünschen, sagen sie ihm, er soll sein Bett niederlegen, und fangen an, ihn über den Vorfall zu befragen, um herauszufinden, wie sich das Verbrechen abgespielt hat.

Ich wünschte, ich könnte in die Geschichte springen und sagen: »Können wir alle einen Moment innehalten und uns daran erinnern, dass dieser Typ achtunddreißig Jahre lang nie etwas herumgetragen hat? Leute, dass er jetzt sein Bett trägt, ist ein Grund zum Feiern! Lasst uns später über das Gesetz sprechen. Jetzt sollten wir zumindest eine Nanosekunde lang feiern, weil dieser Mann aufstehen und herumlaufen und seine Matte tragen kann. Ist das Gesetzesbruch? Ich weiß es nicht. Aber was jetzt wirklich wichtig ist: Gott ist in ihm am Wirken.«

Lass mich dir aber folgende Frage stellen: Bist du schon mal einer dieser Kritiker gewesen? Ich ja. Gott wirkt vielleicht gerade ein Wunder im Herzen eines Menschen, doch nur weil sein Äußeres noch nicht mit meiner Vorstellung konform geht, wie Gottes-Nachfolger aussehen, sich verhalten und reden sollten, gerate ich aus der Fassung. Ich merke nicht, dass er gerade geheilt, wiederhergestellt und gerettet wird. Ich merke nur, dass er nicht so lebt, wie er es meiner Meinung nach sollte.

»Dieser Mensch kennt Jesus? Wirklich? Nun, wie kommt's, dass er noch dies oder jenes tut?«

Vielleicht begreifen wir es nicht, aber er trägt gerade sein Bett. Anders ausgedrückt: Er wird aktuell und jetzt gerade, während wir sprechen und ihn kritisieren, von etwas befreit, was ihn wirklich gelähmt hat. Wir hätten das nicht für ihn tun können, aber Jesus hat es getan. Und er tat es in einem einzigen Augenblick. Aber manchmal sehen wir nur, dass jemand immer noch Dinge tut, die uns unangenehm sind. Er sieht nicht so aus wie wir oder spricht nicht wie wir, und wir können nicht darüber hinwegsehen und erkennen, dass Jesus ihn gerettet hat.

Darf ich etwas vorschlagen? Können wir langsam sein, wenn es ums Kritisieren geht, und schnell, wenn es darum geht, sich über das zu freuen, was Gott im Leben von Menschen tut? Dass wir uns weniger auf die kleinen Dinge konzentrieren und mehr auf die Tatsache, dass die Menschen Gott kennenlernen und genießen?

Nur so ein Gedanke.

Wie man aufhört zu sündigen

Die Geschichte geht weiter. Jeder sagt: »Wer hat dir gesagt, dass du dein Bett nehmen und herumlaufen sollst?«

Er hat keine Ahnung. »Äh, ich weiß noch nicht einmal seinen Namen. Tut mir leid. Also, wisst ihr, er hat zu mir gesagt, ich soll aufstehen, und da bin ich einfach irgendwie … aufgestanden. Dann hat er gesagt, ich soll mein Bett tragen und nach Hause gehen. Darum gehe ich jetzt weiter und tue, was der Typ, der mich geheilt hat, gesagt hat und – nichts für ungut – ignoriere euch.«

Was mir allerdings an dieser Geschichte so gefällt, ist, dass der Mann schließlich Jesu Namen erfährt. Wie? Jesus kommt zurück und findet ihn.

Dieser Mann steht nicht auf der Liste der A- oder B-Promis oder auf sonst irgendeiner Liste. Wir kennen noch nicht einmal seinen Namen. Dass Jesus sich überhaupt die Mühe macht, ihn zu heilen, ist schon mehr, als irgendjemand hätte erwarten können. Aber dass er auch ein zweites Mal zu ihm kommt?

Jesus macht also einen Umweg, um zu sagen: »Übrigens, ich heiße Jesus.« Warum macht er das?

Weil es ihm weniger um die Heilung ging als um den Mann an sich. Jesus wollte nicht, dass der Mann nur laufen konnte – er wollte, dass der Mann ihn kennenlernte. Der Mann sollte eine Beziehung mit Gott, der Quelle aller Zufriedenheit und Wunder und des Lebens, haben. Er sollte Gott genießen.

Dann sagt Jesus: »Nun, wir machen folgendes Geschäft. Du musst aufhören zu sündigen. Die Sünde ist das Problem. Hör auf zu sündigen, sonst widerfährt dir noch etwas Schlimmeres.«

Manchmal lesen wir das und denken dann: *Okay, jetzt wo ich Jesus kenne, sündige ich lieber nicht mehr. Denn wenn ich es tue, dann widerfährt mir etwas Schlimmes.*

Aber Jesus versucht hier, dem Mann eine Heilung zu zeigen, die über die körperliche Heilung hinausgeht – die geistliche Heilung, die er wirklich brauchte. Er sagt, dass Krankheit zwar schlimm, aber dass Sünde noch schlimmer ist.

Die Folge der Sünde ist die ewige Trennung von Gott. Die Bibel nennt das Hölle.

Jesus sagt, dass der Mann bei ihm nicht nur körperliche Heilung suchen sollte, so bedeutend sie für ihn auch war, sondern Erlösung von dem wahren Problem, der Sünde. Jesus sagt: Du brauchst mich. Folge mir. Die Sünde wird dich auf einen ewigen Weg führen, der dir nicht gefallen wird. Aber ich bin die Antwort.«

Wie können wir aufhören zu sündigen und unter den Folgen der Sünde zu leiden? Nicht indem wir uns noch mehr anstrengen, sondern nur indem wir dem sündlosen Retter folgen.

Manchmal glauben wir, es gehe im Leben um Glück, Zufriedenheit und darum, so schmerzfrei wie möglich zu leben. Gott wünscht sich, dass wir glücklich sind und ein Großteil der Bibel konzentriert sich darauf, uns dabei zu helfen, wie wir unsere Freude und unsere Erfüllung in diesem Leben maximieren können. Doch das Leben ist viel größer als die wenigen Jahrzehnte, die wir auf diesem Planteten verbringen. Gott will auf ewig unser Gott sein. Er will uns auf ewig glücklich machen und Erfüllung schenken. Und der Zugang zu dieser neuen Welt ist Jesus.

Ungezwungene Rhythmen der Gnade

Der letzte Vers in dieser Geschichte zeigt die Kraft eines veränderten Lebens. Der Mann, der geheilt wurde, geht umher und erzählt allen von Jesus. Er versteht. Er begreift. Die Geschichte handelt nicht von der Heilung – sondern von dem Heiler. Der Mann ist aus einem stressigen, angespannten Ellbogenumfeld an einen Ort der Freiheit gekommen. Er hat eine neue Weltordnung betreten, eine neue Art, das Leben zu leben. Anstatt Menschen auszunutzen, will er ihnen nur das mitteilen, was er entdeckt hat.

Siehst du, wie drastisch die Veränderung ist, wenn Jesus in dein Leben kommt? Es ist keine Renovierung oder Umgestaltung. Es ist keine Verbesserung, kein Zusatz oder Zubehör. Es ist eine neue Schöpfung. Es ist eine neue Welt. Es ist ein neues System.

»Siehe, es ist alles neu geworden!« (2. Korinther 5,17 SLT). Die neue Weltordnung, die durch den Tod, das Begräbnis, die Auferstehung und die Himmelfahrt Jesu Christi eingeleitet wurde, triumphiert über unsere sozialen Gebilde und unsere Art zu handeln. Diese neue Welt fließt heraus aus unserem persönlichen Leben und bringt Leben in unsere Freundschaften, in unsere Geschäftsbeziehungen, unsere Ehen, unsere Kindererziehung, unsere Entscheidungen.

Jesus sagt in Matthäus 11,28-30 (MSG): »Seid ihr müde? Erschöpft? Religiös ausgebrannt? Kommt zu mir. Geht mit mir weg, dann werdet ihr euer Leben zurückgewinnen. Ich zeige euch, wie man wirklich zur Ruhe kommt. Wandelt mit mir und arbeitet mit mir – schaut, wie ich es mache. Lernt die ungezwungenen Rhythmen der Gnade. Ich werde euch nichts Schweres auferlegen, was schlecht sitzt. Bleibt in meiner Gesellschaft, dann werdet ihr lernen, frei und unbeschwert zu leben.«

Bist du das Chaos am Teich Bethesda leid? Hast du den Versuch satt, ums Überleben zu kämpfen, dich in einer feindlichen Umgebung durchzuschlagen und Dinge auf deine eigene Weise, in deiner eigenen Kraft und mit deinen eigenen Mitteln zu tun?

»Kommt zu mir«, sagt Jesus, »kommt mit mir, dann werdet ihr euer Leben zurückgewinnen. Ich zeige euch, wie man wirklich zur Ruhe kommt.«

Lerne diese »ungezwungenen Rhythmen der Gnade« kennen, wie diese Stelle es so schön beschreibt. Lerne, auf ihn zu warten und dich auf ihn zu stützen. Lerne, ihn zu genießen, sogar wenn – *vor allem* wenn – du nicht weißt, wie du die Probleme lösen sollst, vor denen du stehst.

Jesus wird dir eine völlig neue Welt zeigen.

15

Echte Zufriedenheit

Anderthalb Kilo voll

Im letzten Kapitel habe ich mich über Menschen lustig gemacht, die ihre gesamte Kleidung für zwei Wochen in eine einzige Tasche stopfen. Ich gebe zu, ich kenne das aus eigener Erfahrung. Ich bin sozusagen der Inbegriff eines Überpackers. Wenn ich auf Reisen gehe, will ich die Wahl meiner Garderobe offen lassen. Darum kann es ein bisschen herausfordernd werden, all die Kleidung, die ich vielleicht tragen will, in einen einzigen kleinen Koffer zu packen – oder in drei. Ein Luxusproblem, ich weiß.

Am Ende stopfe und presse ich die Klamotten normalerweise unter Einsatz meines gesamten Körpergewichts in den Koffer. Ich knie auf dem Koffer und wippe auf und ab, in dem Versuch, ihn zu schließen. Der Reißverschluss jammert und fleht Gott um Erbarmen an. Irgendwann gewinne ich und der Koffer ist offiziell gepackt.

Aber dann komme ich zum Flughafen und natürlich wiegt die Tasche anderthalb Kilo zu viel. Chelsea hatte noch gesagt, ich solle das Gewicht überprüfen, bevor ich gehe, aber ich habe es nicht getan. Und die Bedienstete bei der Fluggesellschaft sagt: »Sie müssen diese anderthalb Kilo in eine andere Tasche packen.«

Und ich sage: »Aber das sind doch nur anderthalb Kilo. Meine fünfjährige Tochter kann anderthalb Kilo hochheben. Soll sie Ihnen dabei helfen, den Koffer hochzuheben?« Ich mach natürlich nur Spaß, das wäre unhöflich. Ich sage stattdessen: »Ja, natürlich.«

Ich beginne, den Reißverschluss des Koffers zu öffnen und natürlich schaut mir jeder in der Schlange dabei zu, weil er nichts anderes zu tun hat, als dabei zuzusehen, wie arme Menschen ihre persönlichen Sachen in aller Öffentlichkeit umpacken müssen. Und ich weiß, was sie denken: *Das ist doch 'n Typ, aber er packt mehr Sachen ein als meine Frau und meine drei Töchter zusammen.*

Ich ziehe also am Reißverschluss und irgendwann platzt alles wie ein Jack-in-the-box nach draußen. Und meine Spanx liegen natürlich ganz oben. Ich packe anderthalb Kilo in eine andere Tasche und wieder drücke, stopfe und presse ich, damit ich den Reißverschluss zumachen kann. Definitiv eine großartige Art, eine Reise zu beginnen.

Was ich mit meinen Koffern mache – vollpacken, vollstopfen, überladen, füllen –, ist ein Bild für das, was Jesus mit unserem Leben macht. Er füllt uns, er vervollständigt uns und er sättigt uns über die Maßen mehr als wir erbitten oder erdenken könnten.

Erinnerst du dich daran, wie wir uns in Kapitel 12 die Bergpredigt angesehen haben? Jesus sagte: »Versteht nicht falsch, warum ich gekommen bin. Ich bin nicht gekommen, um das Gesetz oder die Schriften der Propheten abzuschaffen. Im Gegenteil, ich bin gekommen, um sie zu erfüllen« (Matthäus 5,17). Das Originalwort im Griechischen, das mit *erfüllen* übersetzt wurde, bedeutet »vollständig zu füllen«. Jesus sagt damit, dass er kam, um alles, was in der Bibel steht, einzuhalten, zu erfüllen und zu vollenden.

Auf der Grundlage dessen, was in der Bibel über Jesus steht, würde ich noch einen Schritt weiter gehen. Jesus kam nicht bloß, um das Gesetz zu halten und die Schriften zu erfüllen. Er kam, um die Menschheit zu sättigen, zu füllen und zu vollenden. Er ist ein Erfüller und ein Vollender.

Johannes berichtet von einer klaren Aussage, die Jesus im Johannesevangelium, Kapitel 10, macht: »Ein Dieb will rauben, morden und zerstören. Ich aber bin gekommen, um ihnen das Leben in ganzer Fülle zu schenken« (Vers 10). Anders ausgedrückt ist es das Wesen seiner Mission für die Menschheit, ihre Bedürfnisse, Wünsche und Hoffnungen zu erfüllen. Er kam, um unser Leben vollständig zu machen. Er kam, um uns wahres Leben zu geben.

Wir alle sind auf der Suche nach Wert und Sinn. Wir haben ein tiefes, treibendes und geradezu verzweifeltes Bedürfnis nach echter Zufriedenheit. Wir neigen dazu, sie in Dingen wie Vergnügungen, Macht, Reichtum, Ruhm oder Arbeit zu suchen. An diesen Dingen ist nichts Falsches, aber in sich selbst können sie uns keine dauerhafte Erfüllung bringen. Wir werden nicht finden, was wir suchen, bis wir Jesus finden.

Die Bibel offenbart einen Gott, der unsere Seelen vollständig mit Zufriedenheit und Erfüllung sättigen, vollstopfen und vollpacken will.

Dienstplan

Wie ich in diesem Buch immer wieder erwähnt habe, ist dieses Leben der Zufriedenheit in Gott zu finden. Das Problem ist allerdings, dass wir immer noch versuchen, mit Gott auf der Grundlage unserer Anstrengungen, unseres Verdienstes und unserer Bedingungen in Beziehung zu treten. Das funktioniert nicht.

Als meine ältere Schwester und ich noch Kinder waren, versuchten meine Mutter und mein Vater tapfer, uns dazu zu bringen, im Haushalt zu helfen. Ich sage »versuchten«, weil ihre Anstrengungen bemerkenswert erfolglos blieben. Meine Mutter schätzt, dass sie und mein Vater zwölf verschiedene Dienstpläne entworfen haben, um uns zur Hausarbeit zu ermutigen, zu motivieren und zu verpflichten. Zwölf. Stell dir das mal vor. Zwölf verschiedene Pläne wurden geschaffen, um zwei Sprösslinge dazu zu bringen, in ihrer Kindheit etwas Produktives zu machen.

Mein Vater war sehr kreativ und erfinderisch und hat es geliebt, die Pläne zu entwerfen. Für den einen Plan hatten wir Sternchen zum Aufkleben und für einen anderen kleine Stempel und so weiter. Er hatte mehr Gefallen daran, die Pläne zu entwerfen, als sie umzusetzen, und das war Teil des Problems. Die Pläne waren immer kreativ und bunt und im Grunde unlesbar, aber sie waren auf jeden Fall cool.

Ich erinnere mich daran, dass diese Dienstpläne an den Kühlschrank oder irgendeine Wand wanderten und wir dann jeden Tag den Plan ansehen und das tun sollten, was darauf stand. Pro Tag gab es normalweise vier oder fünf Aufgaben und ich fing immer ziemlich gut an. Ich machte meine erste Aufgabe, dann meine zweite. Dann sagte ich: »Schau mal auf die Uhr! Wer hat schon Zeit für drei weitere Aufgaben?« Wenn du Kinder hast oder Kinder kennst oder selbst mal ein Kind warst, wirst du das verstehen. Darum hielt ich mich normalerweise nur einen halben Tag lang an die Dienstpläne.

Wenn ich den Dienstplan nicht einhielt, sagte mein Vater: »Mein Sohn, entweder machst du deine Aufgaben oder ich versohl dir den Hintern.« Und ich sagte: »Dann versohl mir den Hintern.« Ich wusste, das würden nur drei oder vier Schläge sein und dann wäre alles vorbei. Die Aufgaben würden aber bestimmt drei oder vier Stunden in Anspruch nehmen. Ich war froh über die Schläge. Und mein Vater war hilflos.

Doch in den edlen Bemühungen meiner Eltern, ihre beiden Kinder dazu zu bringen, Hausarbeiten nach einem Plan zu erledigen, wird ein wunderbares Beispiel für die menschliche Natur sichtbar. Pläne und Regeln funktionieren bis zu einem gewissen Grad, aber sie haben keine Kraft, innere Motivation zu schaffen. Sie haben keine Kraft, uns zu verändern.

Bevor ich weitermache: Ich weiß, dass es da draußen Abweichungen von der Norm gibt. Meine Frau ist eine solche. Sie tickt einfach anders. Sie liebt To-do-Listen. Sie weiß gerne, was von ihr erwartet wird, welche Regeln und Anforderungen gelten. Sie will am Ende die Sternchen und den Preis bekommen.

Aber im Allgemeinen sind Pläne für die Hausarbeit und Regelbücher nur äußere Werkzeuge, die uns helfen, unser Verhalten zu kontrollieren. Sie verändern uns nicht, sie motivieren uns nicht und sie erzeugen auch keinerlei Art von Beziehung mit der Person, die die Regeln erstellt hat.

Das Treffen mit dem Bachelor

Fünfzehnhundert Jahre vor der Geburt Jesu schrieb Gott den ersten Dienstplan. Er bestand aus zehn Punkten, die wir die Zehn Gebote nennen. Gott schrieb den Plan auf steinerne Tafeln und übergab sie an Mose.

In all den Jahrhunderten vor Jesus versuchten Millionen von Menschen, diesen Plan zu erfüllen, aber niemand schaffte es. Nicht ein einziger. Letztendlich wollte Gott nämlich gar nicht, dass Israel oder der Rest der Welt auf der Grundlage eines Dienstplans mit ihm in Beziehung tritt. Das Ganze war ein zeitlich befristetes System, mit dessen Hilfe Menschen zu Jesus geführt werden sollten.

Das bringt uns zu Markus, Kapitel 10. Hier berichtet die Bibel von einem interessanten Gespräch – eigentlich einem tragischen und schmerzhaften Gespräch – zwischen Jesus und einem erfolgreichen jungen Geschäftsmann.

Als er weiterziehen wollte, lief ein Mann auf Jesus zu, kniete vor ihm nieder und fragte: »Guter Lehrer, was soll ich tun, um das ewige Leben zu bekommen?«

»Warum nennst du mich gut?«, fragte Jesus. »Nur Gott allein ist gut. Aber du kennst doch die Gebote. ›Du sollst nicht töten. Du sollst nicht die Ehe brechen. Du sollst nicht stehlen. Du sollst keine Falschaussage machen. Du sollst nicht betrügen. Ehre deinen Vater und deine Mutter.‹«

»Lehrer«, erwiderte der Mann, »alle diese Gebote habe ich seit meiner Kindheit gehalten.«

Da sah Jesus den Mann voller Liebe an. »Eins fehlt dir noch«, sagte er zu ihm. »Geh und verkaufe alles, was du hast, und gib das Geld den Armen, dann wirst du einen Schatz im Himmel haben. Danach komm und folge mir nach.«

Als er das hörte, verdüsterte sich das Gesicht des Mannes, und er ging traurig fort, denn er war sehr reich.

Jesus sah alle, die dabeistanden, an und sagte dann zu seinen Jüngern: »Wie schwer ist es doch für Menschen, die reich sind, ins Reich Gottes zu kommen!« Darüber waren sie erstaunt. Aber Jesus wiederholte: »Meine lieben Kinder, es ist sehr schwer, ins Reich Gottes zu kommen. Eher geht ein Kamel durch ein Nadelöhr, als dass ein Reicher ins Reich Gottes kommt!«

Die Jünger waren bestürzt. »Wer kann dann überhaupt gerettet werden?«, fragten sie.

Jesus sah sie aufmerksam an und sagte: »Menschlich gesehen ist es unmöglich, aber nicht für Gott. Bei Gott ist alles möglich.« (Verse 17-27)

Wir kennen den Namen des Mannes nicht, aber wenn wir uns die Geschichte hier und im Matthäus- und Lukasevangelium anschauen, stellen wir fest, dass die Bibel ihn als reich, jung und einflussreich beschreibt. Aus weltlicher Sicht spricht vieles für ihn: Jugend, Stärke, Lebensfreude, Einfluss, Reichtum, Autorität. Und darüber hinaus scheint er einfach ein toller Typ zu sein. Er beschäftigt sich mit Moralität, Spiritualität und der Einhaltung von Regeln. Er ist ehrgeizig. Er hat sein Leben im Griff. Er ist ein leuchtendes Vorbild in Sachen Erfolg. So gesehen ist er der ultimative Bachelor.

Aber seine Suche ist noch nicht beendet. Ich glaube, er weiß tief in seinem Inneren, dass es im Leben mehr gibt als Geld, Macht und gute Werke.

Er ist an die richtige Person geraten, um ihm zu helfen. Aber er stellt die falschen Fragen.

Zehn minus sechs ist eins

Jesus hat etwas, was seine Aufmerksamkeit weckt, und er kommt angelaufen, um das Geheimnis Jesu für ein glückliches und friedliches Leben herauszufinden. Er sagt: »Guter Lehrer.«

Jesus greift das sofort auf: »Warum nennst du mich gut? Nur Gott allein ist gut.« Jesus erinnert den jungen Mann freundlich daran, dass kein Mensch gut ist. Der Mann denkt natürlich ziemlich gut von sich selbst, was wir daran sehen können, dass er Jesus versichert, er habe alle Gebote von klein auf gehalten. Darum erinnert Jesus ihn daran, dass Menschen von Natur aus nicht gut sind.

Jesus will diesem jungen Mann von vornherein deutlich machen, dass er über seinen eigenen Horizont hinaus blicken muss, wenn er wahres Leben finden will.

Als Jesus dem jungen Mann sagt, dass kein Mensch gut ist, macht er ihn auch darauf aufmerksam, dass seine Aussage beinhaltet, dass Jesus Gott ist. Das ist eine Schlüsselstelle. Der Mann weiß, dass niemand gut ist, dennoch bezeichnet er Jesus als gut. Er muss verstehen, dass an Jesus etwas anders ist, dass er etwas Göttliches besitzt. Doch anstatt ihn um eine Beziehung zu bitten, fragt er nach noch mehr Regeln. »Was soll ich tun, um das ewige Leben zu bekommen?«

Also muntert Jesus ihn auf: »Du hast doch von den Zehn Geboten gehört, oder? Du sollst nicht ehebrechen, du sollst nicht töten …«

Jesus geht sechs davon durch, bis der Typ ihn unterbricht. »Ja, ja, ja, die hab ich gehalten. Alle.«

Das ist wahrscheinlich leicht übertrieben. Wie ich schon sagte, der Junge findet sich toll. Sehr.

Denk daran, dass Jesus – wie wir schon zuvor gesehen haben – das Gesetz und die Propheten erfüllt hat. Das umfasst auch die Zehn Gebote. Warum also erwähnt er sie jetzt? Will Jesus sagen, dass man die Zehn Gebote erfüllen muss, um in den Himmel zu kommen? Das wären schlechte Nachrichten, denn schon eineinhalb Jahrtausende lang haben Millionen von Menschen genau das versucht und niemand hat es geschafft.

Nein, es ist eine Falle. Jesus hat erst sechs der Gebote aufgezählt, als der eifrige junge Mann ihm ins Wort fällt. Doch dann sagt Jesus: »Eins fehlt dir noch.«

Warte mal. Ausgehend von meinen Berechnungen hat Jesus sechs von zehn erwähnt, das heißt vier bleiben übrig. Richtig? Stimmt meine Rechnung? Ich weiß, dass ich drei Jahre gebraucht habe, um die Grundlagen der Algebra zu lernen, aber ich bin mir ziemlich sicher, dass ich zehn minus sechs ausrechnen kann. Ich komme auf vier Dinge, die fehlen.

»Eins fehlt dir noch.«

Was macht Jesus hier? Wie kann er das behaupten? Das scheint unrechtmäßig und gegen das Gesetz zu sein. Das ist nicht mit dem Dienstplan vereinbar.

Jesus sagt dem jungen Mann damit, dass es gar nicht um einen Dienstplan geht. Gott will nicht einfach das Verhalten oder die Taten oder die Gewohnheiten des Mannes. Er will alles von ihm. Er will eine Beziehung.

»Dir fehlt nur eins: gib alles mir.«

»Hä?«

»Ja, lass all die Schritte und Bausteine und Komponenten und Schlüssel zum Erfolg fallen. Gib das leere Streben nach Glück auf und folge mir nach. Ich will, dass du immer mit mir zusammen bist. Ich werde dir das wahre Leben zeigen.«

Jesus sagt hier nicht, dass wir alle unsere materiellen Besitztümer aufgeben sollen, um glücklich zu sein und in den Himmel zu kommen. Nur wenige Verse später sagt Petrus: »Jesus, wir haben alles aufgegeben, um dir nachzufolgen.«

Und Jesus antwortet: »Ja, das stimmt. Ihr habt eure Eltern und Besitztümer und alles verlassen, aber ihr werdet es in diesem Leben hundertfach zurückerhalten – Freunde, Familie, Beziehungen, Häuser, Land – und darüber hinaus noch ewiges Leben.«

Jesus sagt diesem jungen Mann also nicht: »Ich hasse den ganzen Kram. Ich hasse alles Materielle. Ihr müsst alles aufgeben. Ihr müsst arm und pleite sein und so tun, als wärt ihr damit glücklich.«

Er sagt, dass der Mann nur eine einzige Sache hätte tun müssen, und die müssen wir alle tun: Jesus alles anvertrauen. Er sagt nicht, dass man kein Geld auf der Bank haben darf, aber er sagt, dass das Geld auf der Bank im Vergleich zu ihm nicht wichtig sein soll.

Das Glück ist eine Person

Der kleine Satz in der Mitte der Geschichte gefällt mir am besten: »Danach sah Jesus den Mann voller Liebe an.« Da war nicht das Gesetz am Werk – sondern die Liebe. Manchmal lieben wir Regeln und Gesetze und Dienstpläne, weil sie so konkret und so sinnvoll scheinen. Aber sie können uns keine Liebe schenken. Was Jesus uns bietet, ist Liebe. Die Liebe erfüllt das Gesetz. Sie löst das Gesetz ab. Sie vollbringt, was das Gesetz nie konnte: Sie zieht uns näher zu Gott, anstatt eine Distanz zu Gott zu schaffen.

Jesu Bitte war von Liebe getrieben. Sie sollte den Mann nicht einengen; sie sollte ihn frei machen. Sein fehlgeleiteter und egozentrischer Lebensansatz mag nach außen hin gut ausgesehen und ihm nach weltlichen Kriterien ein Maß von Erfolg verschafft haben; aber es machte ihn nicht glücklich. Jesus bot ihm echte Zufriedenheit an.

Der Mann dachte, er sei nur ein paar Regeln, nur ein paar Schlüssel, nur ein paar Motivationsreden vom Glück entfernt. Aber das Glück stand direkt vor ihm. Jesus war das, wonach dieser Mann gesucht hatte.

Manchmal denken die Menschen, die an Gott glauben, Religion sei der Schlüssel zur Zufriedenheit. Ich hab das auch geglaubt. Wir denken, Christsein bedeute, die Bibel einmal im Jahr komplett durchzulesen oder eine bestimmte Anzahl von Minuten jeden Morgen zu beten oder einen bestimmten Prozentsatz unseres Einkommens der Gemeinde zu spenden. Ich will diese Dinge nicht kritisieren, aber sie werden dir keine dauerhafte Freude bringen.

Jesus steht vor dir und bietet dir Leben im Überfluss an. Frag ihn nicht, was du noch tun musst, um es zu bekommen. Man findet es nicht in Werken. Man findet es in ihm, in der Beziehung mit ihm, darin, ihm zu folgen.

In diesem Sinne sind nachfolgen und glauben dasselbe. Wenn Jesus sagt: »Folge mir nach«, sagt er damit: »Glaube mir. Bleib bei mir. Schau zu, wie ich lebe. Lass uns dieses Abenteuer erleben. Du willst Zufriedenheit? Du wirst sie nicht in einem Dienstplan finden. Du wirst sie nicht in Bräuchen, Traditionen und Ritualen finden. Du findest sie in mir.«

Die Reaktion des jungen Mannes ist der traurigste Teil an der Geschichte. »Tut mir leid. Äh, ich muss gehen.« Und er geht geknickt und unzufrieden weg.

Mir gefällt, wie die englische Bibelübersetzung *The Message* die Reaktion Jesu umschreibt: »Jesus schaute seine Jünger an und sagte: ›Habt ihr eine Ahnung, wie schwierig es für Menschen ist, die „alles haben", ins Reich Gottes zu kommen?‹« Jesus spricht nicht im wörtlichen Sinne von Menschen mit viel Geld, sondern von Menschen, die, aus welchem Grund auch immer, denken, sie hätten alles im Griff.

Die Jünger können nicht glauben, was sie da hören. »Wer kann denn dann überhaupt gerettet werden?« Sie sind von diesem »Ich hab alles im Griff«-Auftreten dieses jungen Mannes genauso beeindruckt wie jeder andere. Also ist ihre Schlussfolgerung: Wenn der es nicht schaffen kann, hat keiner eine Chance.

Die Antwort Jesu ist direkt: »Gar keine Chance, wenn du denkst, du kriegst es allein hin« (Vers 27 MSG).

Ohne Gott haben wir keine Chance. Wir werden nie zufrieden sein. Wir werden nie erfüllt sein. Wir haben vielleicht Besitztümer und sind reich und jung und einflussreich, aber wir werden uns geknickt vom Leben entfernen. Wir haben gar keine Chance, wenn wir denken, wir kriegen es allein hin, doch wir haben alle Chancen der Welt, wenn wir es Gott tun lassen.

Einer der größten Widersprüche im Leben ist, dass unsere Seele erst dann Zufriedenheit findet, wenn wir vor Gott aufgeben. Erst dann entdecken wir alles, wonach wir uns sehnen – den Auftrieb, die Fülle, das Leben, den Frieden und die Zufriedenheit.

16

Du vervollständigst mich

Geparden mit Farbe

Meine Frau und mein zweiter Sohn sind wahre Puzzler. Ich nicht; was ich jetzt also schreiben werde, weiß ich nur aus Erzählungen. Ich persönlich habe keine emotionale Verbindung zum Puzzeln.

Ehrlich gesagt verstehe ich nicht, warum Menschen Freude daran haben, ein Bild zusammenzusetzen, von dem sie schon vorher wissen, wie es aussehen wird. Noch schlimmer ist die Tatsache, dass sie es sofort, wenn sie fertig sind, wieder auseinanderreißen, in die Schachtel legen und ein neues beginnen. Ich würde sagen: »Klebt es zusammen; und rahmt es vielleicht ein.« Aber nein, sie sind schon beim nächsten Puzzle.

Ich habe gehört, dass es für Puzzler äußerst frustrierend ist, wenn sie am Ende feststellen, dass ein Teil fehlt. Man hat die ganze Arbeit und Mühe reingesteckt und dann ist das Puzzle unvollständig. Es ist unvollkommen. Der Abschluss fehlt, es gibt keine Genugtuung und kein Gefühl, etwas erreicht zu haben. Ich habe gehört, dass das für Puzzler sehr emotional ist. Ich kann da nicht mitreden.

Auch wenn ich persönlich keinen emotionalen Verlust empfinde, wenn ein Puzzle unvollständig ist, gibt es einen anderen Bereich in meinem Leben, wo ich die Enttäuschung über Unvollkommenheit verstehen kann: Ich kann es absolut gar nicht ertragen, wenn ich Flecken auf meiner Kleidung habe. Manchmal gerate ich beispielsweise in Panik, weil ich glaube, dass da etwas auf meinem Hemd ist, nur um dann festzustellen, dass es eine farbige Fussel war. Ich sage mir dann: *Atme tief durch. Das ist nicht schlimm. Es geht dir gut. Es war nicht real.* Ketchup, Senf, Filzstifte – das sind meine größten Feinde.

Du kannst mich für verrückt halten, aber für mich ist das real. Wenn ich einen Fleck entdecke, ganz egal wie klein oder undeutlich, bin ich erledigt. Nichts geht mehr. Ich suche mir etwas anderes zum Anziehen. Das andere gebe ich weg, egal was es war, weil ich es nie mehr anziehen werde.

Kürzlich war ich einem der vielleicht schlimmsten Erlebnisse meines Lebens ausgesetzt, und es hatte mit dieser bestimmten Paranoia zu tun. Unsere Gemeinde veranstaltet ein jährliches Sommerlager für Kinder. Normalerweise gibt es dort Wettkämpfe und während der Aktivitäten werden die Mannschaften für ihre Leistungen mit Spielgeld belohnt. Am Ende des Lagers gewinnt die Mannschaft mit dem meisten »Geld«. Man kann auch Geld erhalten für Mannschaftsgeist, für das Befolgen von Regeln, wenn man zur richtigen Zeit am richtigen Ort ist, den Mitarbeitern schmeichelt und so weiter. Im Grunde genommen ist es völlig subjektiv und unfair, aber es macht Spaß.

Bei diesem Sommerlager war ich also auf dem Spielfeld und verteilte Spielgeld. Ich brachte den Kindern wertvolle moralische Lektionen bei, indem ich die Dollars in die Luft warf und dabei zusah, wie sie sich gegenseitig verletzten, um die Scheine zu bekommen.

Ich stieß auf eine Spielstation unter der Aufsicht – und *Aufsicht* ist hier wirklich zu viel gesagt – meiner zwei Freunde Elijah und Annemarie. Diese Station war die Farbstation und die Kinder verdienten Geld damit, übergroße Schwämme in Neonfarbe zu tunken und sie auf ihre Betreuer zu werfen.

Irgendwie hatte irgendjemand gedacht, das wäre eine tolle Idee und würde Spaß machen. Ich finde, das übersteigt jede Toleranz. Darum bin ich kein Betreuer. Ich will nicht, dass mich irgendjemand anmalt. Niemals.

Ich war also dort und machte Annemarie und Elijah das Leben schwer, weil ich ihr Pastor bin und das eine meiner pastoralen Pflichten ist. Dann tat Annemarie eines der finstersten Dinge ihres Lebens.

Bei der Farbstation waren mindestens fünfzig Jungs aus der vierten und fünften Klasse. Sie waren eindeutig völlig überdreht – zu viel Adrenalin, Schlafmangel und Gatorade. Und Annemarie zeigte vor der hungrigen Meute auf mich. »Seht ihr diesen Mann? Seht ihr euren Pastor, Pastor Judah? Der erste, der seinen Handabdruck auf ihm verewigen kann, bekommt von mir einhundert Dollar Spielgeld.«

Sofort verwandelte sich das Kinderlager in den Discovery Channel, und ich war die Gazelle und sie die Geparden. Ich rannte jetzt über das freie Feld und versuchte, mich vor meinem schlimmsten Alptraum in Sicherheit zu bringen.

Wie ich schon sagte, versuche ich fit zu bleiben. Aber mit Geparden kann ich es nicht aufnehmen. Sie waren unermüdlich, und sie waren getrieben von Mannschaftsgeist, Geldgier und Gatorade. Die Kinder und ihre Betreuer holten mich ein und innerhalb weniger Sekunden war ich beschmiert, beschmutzt und befleckt mit böser Neonfarbe.

Also tat ich, was jeder erwachsene Mann tun würde. Ich warf zur Ablenkung haufenweise Geld in die Luft und schlich mich geknickt, geschlagen und deprimiert davon. Ich ging auf dem direkten Weg ins Lagerbüro, machte die Tür zu und schmollte.

Dann hörte meine Mutter, die auch auf dem Lager war, was geschehen war und kam, um mich zu trösten. Und ich sagte zu meiner Mutter, der Person, die mich großgezogen hatte, der Person, deren Leidenschaft für Reinlichkeit und Ordnung wahrscheinlich zu meiner Manie beigetragen hat: »Mama, ich – ich versteh das nicht. Warum, Mama? Ich komme damit nicht klar.«

Meine Mutter antwortete und ich zitiere: »Schluck's runter, Sohn. Du bist Pastor.«

Sie hatte natürlich Recht. Neonflecken und fehlende Puzzleteile sind Nebensächlichkeiten. Aber auf eine gewisse, witzige Weise sind sie ein Bild für die Leere und Unvollständigkeit, die viele Menschen in ihrer Seele erleben. Wir haben es wahrscheinlich alle schon einmal in einem gewissen Maß erlebt: ein nagendes inneres Gefühl, dass etwas fehlt oder nicht in Ordnung ist, dass wir den Ansprüchen nicht genügen, dass wir unvollständig sind.

Ein Gefühl der Unvollständigkeit wird die Art und Weise, wie wir Beziehungen leben, dramatisch beeinflussen. Unsere Unsicherheiten und unsere Leere bestimmen, wie wir Freundschaften schließen, mit Menschen in Beziehung treten und mit Menschen umgehen.

Wenn wir unsicher sind, neigen wir dazu, Menschen zu benutzen, anstatt ihnen zu dienen. Wir neigen dazu, sie anzuzapfen, anstatt ihren Selbstwert zu stärken, weil wir davon getrieben sind, unsere innere Unvollständigkeit zu stillen. Dann geht es in Beziehungen nur noch darum, uns selbst Erfüllung zu verschaffen. Und das erzeugt nur Probleme.

Im ersten Kapitel des Johannesevangeliums, Verse 14-17 (SLT), steht:

> *Und das Wort [Jesus] wurde Fleisch und wohnte unter uns; und wir sahen seine Herrlichkeit, eine Herrlichkeit als des Eingeborenen vom Vater, voller Gnade und Wahrheit. Johannes legte Zeugnis ab von ihm, rief und sprach: Dieser war es, von dem ich sagte: Der nach mir kommt, ist vor mir gewesen, denn er war eher als ich. Und aus seiner Fülle haben wir alle empfangen Gnade um Gnade. Denn das Gesetz wurde durch Mose gegeben; die Gnade und die Wahrheit ist durch Jesus Christus geworden.*

Beachte das Wort *voller.* Johannes schrieb, dass Jesus voller Gnade und Wahrheit ist, und dann sagte er, dass jeder aus seiner Fülle empfangen kann.

Jesus ist der erste Mensch überhaupt, der vollständig ist. Er ist »voll«. Ihm fehlt es an nichts. Er hat keinen Mangel. Er hat keine Bedürfnisse. Damit meine ich natürlich nicht, dass er nie körperliche und beziehungsmäßige Bedürfnisse hatte. Die Bibel zeigt uns, dass er echte Bedürfnisse hatte wie Hunger, Erschöpfung und Einsamkeit, während er auf diesem Planeten lebte.

Aber innerlich war Jesus erfüllt. Er war vollständig und sicher geborgen. Er hatte nicht die Art von emotionalem Ballast, den die meisten von uns mich sich herumschleppen. Er hatte nicht das nagende, bohrende Gefühl, nicht zu genügen. Er fragte sich nicht, ob er gut oder beliebt oder schlau genug war. Er brauchte Beziehungen nicht, um sich selbst zu versichern, wertvoll oder wichtig zu sein. Jesus war vollständig und erfüllt.

Letztlich ist Gott die Antwort auf unsere Leere. Er schuf die Menschheit, und bis wir nicht in einer gesunden, transparenten, liebevollen Beziehung mit ihm sind, werden wir immer Mangel empfinden. Irgendetwas wird immer fehlen. Wir werden nie das dauerhafte Glück und die Vollständigkeit finden, die wir suchen. Letztlich kann nur Gott unsere Leere und unseren Mangel ausfüllen und unsere Bedürfnisse stillen.

Wie Jesus auf andere wirkt

Als Jesus auf dieser Erde körperlich anwesend war, wie ist es wohl gewesen, eine Maria, eine Marta, ein Lazarus oder einer der Jünger zu sein? Wie war es wohl, mit Jesus zu quatschen? Mit Jesus zu grillen? Worüber hätten wir uns unterhalten?

Ich glaube, es wäre ihm nur darum gegangen, deinen Wert zu stärken. Dir zuzuhören, dir zu dienen. Dich zu lieben. Egal in welchem sozialen Umfeld Jesus war, weißt du, was seine Reaktion war? Er diente. Wenn er jemandem begegnete, war sein erster Gedanke: *Wie kann ich dieser Person dienen?* Wenn er irgendwo hinkam, dachte er: *Wie kann ich noch andere Menschen hier ermutigen?*

Warum? Weil er erfüllt war. Er brauchte nichts von anderen. Er kam nur, um zu geben, zu dienen und zu vervollständigen. Seine Vorstellung von »Außenwirkung« war nicht, ein Netzwerker zu sein, sich bei den Leuten einzuschmeicheln und sie zu seinem eigenen Vorteil zu manipulieren. Es ging ihm stattdessen darum, sicherzustellen, dass jeder, der von ihm wegging, sich besser fühlte, besser dachte und Gott besser kannte als vorher.

Jesus ist der Typ, den du zum Freund haben willst. Er will dir geben, und nicht etwas wegnehmen. Er genießt es, mit dir zusammen zu sein, weil du als Person ihm wichtig bist, nicht aufgrund dessen, was du für ihn tun kannst.

Wahrscheinlich bist du schon einigen Menschen begegnet, die wirklich zuversichtlich sind. In ihrem Leben nimmt man Zufriedenheit wahr. Sie wissen, wer sie sind. Sie vergleichen sich nicht mit anderen oder stehen im ständigen Konkurrenzkampf, sondern sind mit sich und der Welt im Reinen und stärken den Selbstwert anderer Menschen. Vielleicht bist du ein solcher Mensch. Ich weiß, dass ich einer sein will.

Ich will leben wie Jesus. Ich weiß, das klingt manchmal etwas abgedroschen, aber ich meine das so. Jesus hat irgendwie immer kreative Wege gefunden, den Wert anderer zu stärken. Du kennst solche Menschen – ganz egal, wie schlecht das Essen war, das du gerade gekocht hast, sie finden eine Möglichkeit, dir ein Kompliment zu machen. Ganz egal, wie verrückt sich eure Kinder gerade benehmen, sie finden eine Möglichkeit, euch das Gefühl zu vermitteln, dass ihr wunderbare Eltern von wunderbaren Kindern seid.

Kannst du dir vorstellen, wie es für uns alle – Familien, Freunde, Gemeinden – aussehen würde, wenn wir aus einer inneren Fülle heraus leben, Beziehungen pflegen und einander lieben würden? Ich glaube, es würde sehr aussehen wie der Himmel auf Erden.

Eine gute und eine schlechte Nachricht

Johannes sagte: »Aus seiner Fülle haben wir alle empfangen« (Johannes 1,16 SLT). Wie empfangen wir? Nicht durch Arbeit. Nicht durch Verdienst. Nicht durch Anstrengung. Ganz einfach: wir vertrauen, glauben und empfangen. Unsere Einstellung sollte sein:

Gott, heute empfange ich Fülle von dir. Durch deine Gnade bin ich, was ich bin. Ich finde meine Ruhe, meine Zufriedenheit und meinen Frieden in dem, wer du durch mich bist.

Ich spreche natürlich nicht davon, dass du irgendwelche Formeln oder magische Gebete aufsagst. Ich spreche davon, dass dir bewusst wird, was Gott uns bereits zur Verfügung gestellt hat. Wir können so viel aus der Fülle Jesu empfangen, dass wir emotional, mental und geistlich vollständig und erfüllt sind.

Und das rottet eines der größten Hindernisse in Beziehungen, Freundschaften und in der Gesellschaft aus: Unsicherheit.

Unsicherheit ist mehr als nur ein Gefühl: sie ist eine tief empfundene Unvollständigkeit, Unvollkommenheit, Unzulänglichkeit und Mangel. Sie lähmt uns auf der Beziehungs- und Gesellschaftsebene und isoliert uns. Auch wenn wir von Menschen umgeben sind, können wir uns ungemein allein fühlen, weil wir denken, dass wir den Ansprüchen nicht genügen oder nicht gut genug sind.

Ich habe eine gute und eine schlechte Nachricht. Die schlechte Nachricht lautet, dass wir Recht haben mit unserer Selbsteinschätzung. Wir genügen den Ansprüchen nicht und wir sind nicht gut genug. Aber die gute Nachricht ist, dass Jesus genug ist. Er ist sogar mehr als genug, und wenn wir uns bei ihm anlehnen und von ihm empfangen, werden auch wir genug sein.

Manchmal glauben wir, dass unser Persönlichkeitstyp unsere sozialen Kompetenzen bestimmt, aber das ist nicht wahr. Wir alle brauchen Freunde. Wir alle brauchen Gemeinschaft. Wenn wir unsere Sicherheit und Vollständigkeit in Jesus finden, übersteigt seine Fülle unseren Persönlichkeitstyp und hilft uns, bessere Freunde, bessere Ehepartner, bessere Eltern, bessere Mitarbeiter und bessere Nachbarn zu werden.

Es ist erstaunlich, wie viele Menschen in ihren Vierzigern, Fünfzigern und Sechzigern ich treffe, die sagen: »Ich hab einfach keine guten Freunde mehr.« Man könnte doch denken, dass es mit dem Alter einfacher wird, Freundschaft zu schließen, aber in Wirklichkeit ist es oft schwerer. Wir werden verletzt, enttäuscht, manipuliert und schließlich geben wir auf. Wir fangen an, die Leute auf Abstand zu halten, um uns selbst zu schützen.

Jesus will die Verletzungen heilen und das Narbengewebe entfernen. Er will uns dabei helfen, genauso mit Menschen umzugehen wie er – dass wir an andere denken und anderen dienen. Ironischerweise ist der beste Schutz vor Verletzungen nicht, uns zurückzuziehen und uns abzuschotten, sondern anderen bedingungslos zu dienen.

Jesus ist die Beziehung, die uns vervollständigt. Wenn wir in ihm wahre Freundschaft finden, macht uns das frei, eine Ebene von echten Beziehungen mit unseren Mitmenschen auf diesem Planeten zu entdecken, die wir nie für möglich gehalten hätten.

Jesus füllt uns. Und wenn wir erfüllt sind, sind wir frei.

Schlusswort

Ich glaube nicht, dass es einen Menschen gibt, der aus diesem Leben vollkommen schlau wird. Wir sind auf einer Reise, uns selbst und Gott zu entdecken. Mein Ziel mit diesem Buch war nicht, dir zu sagen, wie du leben sollst, sondern dich auf die Quelle und den Mittelpunkt des Lebens selbst zu verweisen: Jesus. Wenn wir Jesus sehen, wie er ist, wenn wir anfangen, von ihm zu lernen und ihm zu folgen, entdecken wir eine Zufriedenheit, eine Freude und einen Frieden, wie wir sie uns nie hätten vorstellen können.

Ich hoffe, dieses Buch hat dir Impulse für deine eigene Reise mit Gott gegeben. Er liebt dich und er glaubt an dich. Er kennt dich besser als du dich selbst. Er sieht deine guten Momente und deine nicht so guten Momente, und egal was du auch von dir selbst denkst, er ist ohne jeden Zweifel stolz auf dich und leidenschaftlich in dich verliebt.

Ich ermutige dich, dass du dir Zeit nimmst, etwas über Gott zu erfahren und von ihm zu lernen. Er will das Beste für dich, und wenn du seinen Grundsätzen und Prioritäten folgst, wird dein Leben nur besser werden.

Denk daran, es ist Gott, der dafür sorgt, dass die vier Kernaussagen dieses Buches funktionieren:

1. Leben ist, geliebt zu werden und zu lieben.
2. Leben ist, Gott in jedem Moment zu vertrauen.
3. Leben ist, mit Gott und sich selbst Frieden zu haben.
4. Leben ist, Gott zu genießen.

Jetzt bist du dran. Vor dir liegt der Rest deines Lebens. Und du darfst wissen: Du kannst nicht scheitern. Egal was passiert, Gott wird dich lieben und dich zu sich ziehen. Er ist bei dir und er ist für dich.

Das Leben wartet auf dich – und es ist großartig.

Danke

Jesus,
Chelsea,
Zion,
Eliott,
Grace,
Papa,
Mama,
Familie,
Freunde,
City Church,
Thomas Nelson,
Esther,
Justin,
Tante Barb,
Leon,
B. J.
und danke, Carla, dass du eine beständige Quelle der Weisheit, Stärke und der Vernunft warst.

Über den Autor

Judah und Chelsea Smith sind leitende Pastoren der City Church in Seattle im US-Bundesstaat Washington. Judah ist ein bekannter Gastsprecher auf Konferenzen und in Gemeinden in aller Welt. Seine humorvollen und doch messerscharfen Predigten entmystifizieren die Bibel und zeigen den Menschen, wer Jesus in ihrem Alltag ist.

Bevor Judah 2009 die Gemeindeleitung übernahm, leitete er zehn Jahre lang die Jugendarbeit der City Church. Er schrieb mehrere Bücher und auch seine Nachrichten auf Twitter sind sehr beliebt (@judahsmith).

Judah und Chelsea haben drei Kinder: Zion, Eliott und Grace. Judah ist ein begeisterter Golfspieler und generell sehr sportbegeistert. Er glaubt, dass die *Seahawks* Gottes Lieblingsmannschaft sind und betet dafür, dass die *Sonics* wieder nach Seattle zurückkommen.[5]

---

5 Die *Seahawks* sind ein in Seattle beheimatetes American Football-Team der National Football League. Die *Seattle SuperSonics* waren eine professionelle Basketballmannschaft der nordamerikanischen Basketballliga NBA. Die Mannschaft war ebenfalls in Seattle beheimatet. Im Sommer 2008 zogen sie nach Oklahoma City um und spielen nun unter dem Namen *Oklahoma City Thunder*.

Weitere Bücher über
das Evangelium der Gnade
findest du unter:
www.gracetoday.de